從歷史悟人生

最經典

——的——

歷史故事

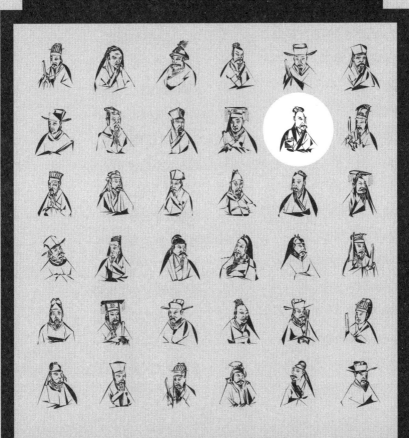

目 錄

第一章
冷靜思考，有效解決問題

第二章
靈活變通，思路決定出路

目　錄

第三章
正確決斷，把握最佳時機

第一章

冷靜思考，
有效解決問題

田忌圍魏救趙

　　戰國時期，魏國派軍隊進攻趙國。魏國的軍隊很快包圍了趙國首都邯鄲，情況十分危急。趙國眼看抵擋不住魏的攻勢，趕緊派人向齊國求救。

　　齊國大將田忌受齊王派遣，準備率兵前去解救邯鄲。這時，他的軍師孫臏趕緊勸他說：「要想解開一團亂麻，不能用強扯硬拉的辦法；要想制止正打鬥得難分難解的雙方，不宜用刀槍對他們一陣亂砍亂刺；要想援救被攻打的一方，只需抓住進犯者的要害，搗毀它空虛的地方。

　　眼下魏軍全力以赴攻趙，精兵銳將勢必已傾巢出動，國內一定只剩下一些老弱殘兵。魏國此時顧了外頭，國內勢必空虛。如果我們此時抓住時機，直接進軍魏國，攻打魏國都城大梁，魏軍必定會回師來救，這樣，他們撤走圍趙的軍隊來顧及首都

的緊急情況，我們不是就可以替趙國解圍了嗎？」

一席話說得田忌茅塞頓開，他十分讚賞的說：「先生真是英明高見，令人佩服。」

孫臏接著又補充說：「還有一點，魏軍從趙國撤回，長途往返行軍，必定疲憊不堪。而我軍則趁此時機，以逸待勞，只需在魏軍經過的險要之處布好埋伏，一舉打敗他們不在話下。」

田忌歎服孫臏的精闢分析，立即下令按孫臏的策略行事，直奔魏國首都大梁，而且把要攻打大梁的聲勢造得很大，一邊卻在魏軍回師途中設下埋伏。

果然，魏軍得知都城被圍，慌忙撤了攻趙的軍隊回國。在匆忙跋涉的途中，人馬行至桂陵一帶，冷不防齊軍擂鼓鳴金，衝殺出來。魏軍始料不及，倉皇抵禦，哪裡戰得過有著充分準備的齊軍。魏軍被殺得丟盔棄甲，還沒來得及解救都城，便幾乎全軍覆沒。這次戰爭，齊軍大獲全勝，趙國也得到了解救。

　　生活中的有些問題看似根本無從下手。其實，事物之間是相互制約的，看問題不能就事論事或只注意比較顯露的因素，而要抓住問題的關鍵和要害，避實就虛，這樣來解決問題可能更為見效。

蘇無名的破案之策

　　太平公主是初唐時期頗有聲名的公主。她的性格酷似母親，因此深得武則天的寵愛。一次，武則天賞賜給她各種珍貴寶物，共兩盒，價值黃金千鎰。

　　太平公主收到母親這批賜物，即帶回家中密藏了起來。但是，一年之後，寶物不翼而飛。這是聖上御賜的寶物，太平公主不敢隱瞞，立即告訴了武則天。

　　武則天知道後，認為有損她的顏面，惱羞成怒，立即招來洛州長史，詔令他三日之內破案，如限期之內不能緝盜歸案，則以瀆職、欺君問罪。

　　洛州長史恐懼萬分，急忙招來州屬兩縣主持治安和緝盜的官員，向他們投下制簽，下令兩日之內破案，否則處以死罪。兩縣的緝盜官員們無力破獲這樣的大案，只是依照長史的做法，

招來一班吏卒、游徼，嚴令他們在一日之內破案，否則也是處以死罪。一件疑難大案的偵破任務，便如此一層一層的推了下來。

　　無法再往下推的吏卒和游徼們，手中拿著上司的死命令，一時慌了手腳，只得來到神都大街上碰運氣。恰好，他們碰上了晉京的蘇無名，於是便一擁而上將這椿「御案」告訴了他。

　　蘇無名聽完後，吩咐他們如此如此，便與他們一塊來到衙門。一進衙門，這班吏卒，游徼望著主管緝盜的官員高呼：「捉住盜賊了！」他們的話音還未落地，蘇無名已應聲進了廳堂。

　　緝盜官一問，眼前來的乃是湖州別駕蘇無名，便轉身怒斥吏卒、游徼們：「膽大妄為之徒，怎能如此侮辱別駕大人！」

　　蘇無名一見緝盜官訓斥下屬，便朗聲大笑道：「不要怪罪他們。他們請我來此為的是偵破公主萬金被盜的御批大案！」

　　緝盜官一聽蘇無名是為破案而來，驚喜萬分，便急忙向蘇無名請教破案的妙策。蘇無名神色不動，只是說：「你我可立即去見洛州府長史。見了長史，你只需告訴他，御案由我湖州別駕蘇無名來主持偵破即可。」緝盜官依了蘇無名的主意，帶他前往洛州府。

　　緝盜官和蘇無名二人雙雙來到洛州府。長史一聽破案有了指望，立即行禮迎接蘇無名，感激涕零的拉著蘇無名的手說道：「今日得遇明公，是蒼天有眼，賜我一條生路啊！」說完，洛州府長史掘退左右，向蘇無名徵詢破案的妙策。蘇無名依然是神色不動，不急不忙的說：「請府君帶我求見聖上。在聖上玉旨之下，我蘇無名自有話說！」洛州府長史急於破案交差，立即上疏朝遷薦舉蘇無名破案。

　　蘇無名心中已有了破案之策，那就是稍安毋躁，以查出賊蹤，故而他見了緝盜官，又要見長史，見了長史又要見皇上，這一切的舉措都是有目的的。

　　武則天看過洛州府長史的上疏後，決定立即召見湖州別駕蘇無名。

　　在神都洛陽的宮殿上，蘇無名見到了武周皇帝武則天。

　　武則天劈頭一句便問：「你果真能為朕捉到盜寶的賊人嗎？」

　　蘇無名答道：「臣能破案，如果聖上要破案，請依臣三事：一、在時間上不能限制；二、請對上慈悲為懷，寬諒兩縣的官員；三、請聖上將兩縣的吏卒、游徼交臣差使。如依得臣下所請之

事，臣下請在兩個月內，擒獲此案盜賊，交付陛下。」

　　武則天聽完之後，看了看蘇無名，便點頭答應了他的條件。誰知蘇無名奉旨接辦御案之後，沒有動靜，一晃就是一個多月的光景過去了。一年一度的寒食節又來臨了，這天，蘇無名召集兩縣大小吏卒、游徼會於一堂，準備破案。他吩咐，所有破案人員全部改裝為尋常百姓，分頭前往洛州的東、北二門附近巡遊偵伺。無論哪一組；凡是遇見胡人身穿孝服，出門往北邙山哭喪的隊伍，必須立即派員跟蹤盯上，不得打草驚蛇，只需派人回衙報告即可。

　　這邊蘇無名剛剛坐定，就見一個游徼高興的趕了回來。他告訴蘇無名，已經偵得一夥胡人，其情形正如蘇無名所說，此刻已去北邙山，請蘇無名趕去定奪。蘇無名聽後，立即下令衙役備馬，與來人趕往北邙山墳場。到達這後，蘇無名便問盯梢的吏卒：「胡人進了墳場之後表現如何？」

　　吏卒稟報說：「一切如別駕大人所料，這伙胡人身著孝服，來到一座新墳前奠祭，但他們的哭聲沒有哀慟之情；燒些紙錢舉奠之後，即環繞著新墳察看，看後似乎在相互對視而笑。」

　　蘇無名聽到這裡，大喜擊掌，說道：「竊賊已破！」立即

下令拘捕那批致奠的胡人，同時打開新墳，揭棺驗看。吏卒奉命逮捕了胡人，但對開棺之令不免猶豫不前。

蘇無名見狀，笑道；「諸位不必疑慮，開棺取贓，破案必在此舉！」於是，吏卒、游徼們動手掘墳開棺。隨著棺蓋緩緩開啟，棺內儘是璀璨奪目的珠寶。檢點對勘之後，證實這些正是太平公主一月前所失的寶物。

蘇無名一舉偵破太平公主的失竊大案，震動了神都洛陽。武則天下旨再次召見蘇無名，問他是如何斷出此案的。

蘇無名應詔進殿，對道：「臣下並沒有什麼特殊的神謀妙計，來神都匯報工作的途中，曾在城郊邂逅了這批出葬的胡人。憑藉臣下多年辦案的經驗，當即斷定他們是竊賊，只是一時還不知他們下葬埋藏的地點。寒食節一到，依民俗，人們是要到墓地祭掃的。我料定這批借下葬之名而掩埋贓物的胡盜，必定會趁這機會出城取贓，然後相機席捲寶物逃走。因此臣下差遣兩縣吏卒、游徼便裝跟蹤，摸清他們埋下寶物的地點。據偵伺的吏卒報告，他們奠祭時不見悲慟之情，說明地下所葬不是死人；他們巡視新墳相視而笑，說明他們看到新墳末被人發覺，為寶物仍在墳中而高興。因此我決定開棺取證，果然無誤！」

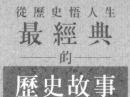

蘇無名的一番話將破案的關節款款道出，說得字字在理，句句人情，武則天極為歎服。

蘇無名見狀，又繼續說道：「假如此這案依陛下三天之限，強令府倒去偵破，結果必因風聲太緊，竊盜們狗急跳牆，輕則取寶逃亡，重則毀寶藏身。那麼，在證毀賊逃的情況下，再去緝盜追寶，就勢必事倍功半了。所以陛下急破之策不宜行，急則無功。

現在，官府不急於緝盜，欲擒故縱，盜賊認為事態平緩，就會暫時將棺中寶物放在那裡。只要寶物依然還在神都近聞，我破案捕盜就像從口袋中探取什物一般容易！」

每個人在生活中都會遇到難題，這時候保持冷靜的態度，積極的思考和尋找最有效的方法才是重要的。做什麼事都不能急於求成，要善於忍耐，冷靜分析，從容的找規律，想辦法，才能圓滿的達到預期的目的。

數學王子高斯和數學懸案

　　一七九六年的一天，德國哥廷根大學，一個十九歲的很有數學天賦的青年吃完晚飯，開始做導師單獨出給他的每天例行的三道數學題。

　　像往常一樣，前兩道題目在兩個小時內順利的完成了。第三道題寫在一張小紙條上，是要求只用圓規和一把沒有刻度的直尺做出正十七邊形。青年做著做著，感到越來越吃力。

　　困難激起了青年的鬥志：我一定要把它解出來！他拿起圓規和直尺，在紙上畫著，嘗試著用一些超常規的思路去解這道題。終於，當窗口露出一絲曙光時，青年長舒了一口氣，他終於解開了這道難題！

　　作業交給導師後，導師簡直嚇呆了。他用顫抖的聲音對青年說：「這真的是你自己做出來的嗎？你知不知道，你解開了

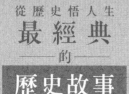
一道有二千多年歷史的數學懸案？阿基米德沒有解出來，牛頓也沒有解出來，你竟然一個晚上就解出來了！你真是天才！我最近正在研究這道難題，昨天給你出題目時，不小心把寫有這個題目的小紙條夾在了給你的題目裡。」

多年以後，這個青年回憶起這一幕時，總是說：「如果有人告訴我，這是一道有二千多年歷史的數學難題，我就不可能在一個晚上解開它。」

這個青年就是數學王子高斯。

在生活中，有許多困難之所以難於克服，是因為我們受到了內心恐懼心理的束縛，限制了自我潛能的發揮。有些事情，在不清楚它到底有多難時，我們往往能夠做得更好，這就是人們常說的「無知者無畏」。

一個少女所領導的抵抗組織

　　二戰期間，在德軍佔領的芬蘭北部地區出現了一個神祕的抵抗組織，它是由英國飛行員約翰尼領導的，這個抵抗組織多次卓有成效的打擊著被佔領區的德軍，約翰尼也就成了名噪一時的英雄人物。

　　後來，芬蘭解放了，盟軍開始尋找這個神祕的英雄人物。調查的結果，他們瞭解到約翰尼於解放前夕就病故了。英國皇家空軍在自己的飛行員名單中也沒有發現約翰尼這個人。但是，他的事跡卻普遍流傳著。當地的抵抗戰士誰也沒見過約翰尼，只知道他的指令、計劃都是由一個名叫安妮的少女傳達的。後來盟軍找到了安妮才弄清了事情的真相。

　　原來，安妮和她的弟弟一直要求參加當地抵抗組織，但因

為他們年幼未被接納，不過他們的決心一直沒有動搖。

一天晚上，他們在家門口發現了一個受重傷的英國皇家飛行員，他們覺得護理這位飛行員也是為戰爭做出一分貢獻，所以盡心盡力，關懷備至。但是這個飛行員仍因傷重而去世了。

姐弟倆非常傷心，弟弟天真的說：「如果飛行員不死，就能領導我們參與抵抗運動了。」

姐姐聽了弟弟的話，一個主意油然而生：「即使他死了，我們仍可利用他的名義參與對敵抗爭。」

姐弟倆收藏起飛行員的遺物和證件，組織起一個抵抗小組，聲稱這個抵抗小組是由英國皇家飛行員領導的，他們姐弟倆只不過是飛行員的小交通員。人們見到了飛行員的證件很快相信了確有其人，由於有英國皇家飛行員作為領導，這個抵抗組織的成員越聚越多，團結在這個並不存在的英雄身邊，受到了英雄的鼓舞，士氣大增。他們多次出擊，使得德軍頻頻失利，大傷腦筋。這個抵抗組織就是「約翰尼」抵抗運動。

事實上，這個抵抗組織是由安妮這位少女所領導的，當盟軍問她：「妳為什麼不親自出面呢？」

安妮認真的說：「我們姐弟倆只是鄉下的孩子，連參加

抗爭都不被接納，假如我們出面組織抵抗運動，誰會跟我們走呢？」

「於是，你們就借用了英雄的力量來進行號召，對嗎？」盟軍非常欣賞安妮的做法。

安妮不好意思的笑了：「這不能稱為是欺騙行為吧。」

靈活的思維常常能帶給一個人巨大的力量，一旦有了強大的思維能力，許多看似不可能的難題都會迎刃而解。當自己的力量不足的時候，聰明的人總是能夠採取多種方式，積極靈活地借助別人的力量，以克服各種障礙。

洪秀全編造的故事

　　洪秀全廣東花縣人，自幼苦讀四書五經，但幾次投考秀才皆名落孫山。後來，洪秀全在西方基督教宣傳單《勸世良言》的影響下，創立了拜上帝教。先後編寫了《原道救世歌》等，宣傳說中國人原來信奉的一切神仙佛道等皆是妖魔邪神，只有上帝才是唯一的真神。

　　為了鼓舞廣大人民跟隨他進行推翻清王朝的抗爭，洪秀全精心編造了一個神話。用神話宣傳說，洪秀全在考試失敗後得到的《勸世良言》，是皇上帝賜給他的「天書」。回到家後曾大病四十餘天。

　　在此期間，忽有天使下凡接他到天上去，天母在聖河為他洗去了污穢，聖賢之士為他剖開胸腹，換上新的五臟六腑，終此脫胎換骨。

洪秀全見到了一位滿口金色鬍鬚拖地，相貌魁偉，身形高大，高居寶座之上的老人。這位老人就是超越時空，無所不能的真神皇上帝。

神皇上帝見到洪秀全後十分高興，說洪秀全是他的次子，帶領他從天上俯瞰全世界，只見人世間妖霧瀰漫，鬼怪橫行，迷害人民，眾生慘淒。然後，皇上帝特賜給他一口寶劍和一顆印璽。

上帝的長子，也就是其兄救世主耶穌教他如何用寶劍斬妖魔，印璽則是鎮服邪神的寶物。最後，皇上帝命洪秀全下凡人間做太平天王，救世誅妖。

太平天國起義前夕，洪秀全等又利用當地所謂鬼神附體的迷信方式，宣傳有一個拜上帝會會員臨死時，鼓樂之聲由天而降，被天使迎入天堂，不久，這一拜上帝會會員的神靈附於一名幼童身上。這個幼童忽然神情昏迷，口中唸唸有詞「三八二一，禾乃玉食，人坐一土，作爾民極。」「三八二一」隱「洪」字；「禾乃玉食」隱「秀」字；「人坐一土」隱「全」字；四句聯起來的意思是：「洪秀全當作你們的君王。」

洪秀全編造的這一承上帝之命，下凡誅妖的故事，雖是「無

中生有」、荒誕不經的神話，但當時廣大的勞苦大眾，熱切的希望改變受苦受難的生活，因此，幻想能有一個真命天子出世，剷除人間不平。洪秀全把握時機，暗中行事，利用人們這一心理的需求，掀起太平天國農民運動。

　　《老子》第四十章說：「天下萬物生於有，有生於無。」「無中生有」的計謀，可以廣泛的運用於工作和生活中的各個方面。當然，採用這種策略的時候，一定要注意必須是出於正直的目的，千萬不能逾越道德和法律的界限，切忌用這種方法招搖撞騙。

弦高智退秦師

公元前六二七年，春秋諸侯國中的鄭國國君文公去世了，舉國哀喪，穆公剛剛繼位。

這一年冬天特別冷，二月裡北風刺骨，寒氣襲人。鄭國商人弦高趕著十二頭肥牛緩緩走在通往洛陽的大路上，一邊走一邊算計著：「快春耕了，牲口一定特別搶手，再說天這樣冷，大家也會吃點牛肉禦寒，所以這十二頭牛絕對能賣個好價錢。等拿到了錢，我就……

還沒等他盤算好，迎面就見一個人慌慌張張的跑過來。等跑近一看，原來是相熟的一個販布同鄉。那同鄉一見弦高，一邊抹著額上的汗水，一邊氣喘吁吁的說：

「弦高，大事不好啦！秦國派兵攻打咱們來啦！我親眼看見秦國大將孟明視率三百輛兵車，浩浩蕩蕩向這裡急行軍，真

是嚇死人啦！我連布都不要了，現在我要回去帶著老婆兒子到別國躲一躲。你也別賣牛了，快回去準備一下吧！」話一說完，轉眼便跑得無影無蹤了。

弦高也大吃一驚，心想：「文公剛剛去世，喪事才辦完，新國君也才繼位，哪有心情準備防禦敵人偷襲呢？該死的秦國，太狡猾了，竟趁人家國難時派兵進攻，不行，我不能讓他們陰謀得逞。」但轉念一想，「兵貴神速，秦軍為了這次偷襲一定做了相當充分的準備。我現在趕回去送信，恐怕話還沒說完敵人就到跟前了，想準備抵抗也來不及了！這可如何是好？」

就在此時，忽聽「哞」的一聲牛叫，弦高轉頭一看，不由計上心來，「有了！就這麼辦……」

再說秦國大將孟明視指揮著三百輛戰車日夜兼程，企圖突然發動攻擊，攻下鄭國。只見他端坐在高頭大馬上，威風凜凜的下達命令：「全軍聽令，飛速前進，不得停頓。攻下鄭國，人人論功行賞；貽誤戰機，殺無赦！」

雄雄鐵騎捲起滾滾塵煙迅速向前奔騰，轉眼就到了鄭國邊鄰的滑國地界，卻見到前隊先鋒派人來報：鄭國使者路旁相迎，前來奉旨犒軍。

孟明視聞報一愣，心中琢磨：鄭國怎麼會這麼快知道消息，難道其中有詐？於是他下令全軍不得紮營，就在隊列中接見鄭國使者。

原來鄭國使者就是弦高，他急匆匆改道來到這裡，趕著牛，買了酒，假稱是奉鄭國國君命令前來犒勞秦軍。一見孟明視，他鎮定自若的先施一禮，然後清清嗓音說明奉旨犒軍來意，同時假裝十分熱切的說：「這只是國君的一點小心意，算不了什麼！等將軍到了敝國，我們國君親自要為您接風敬酒，還要大宴三軍將士。」

孟明視仔細的觀察著弦高，見他彬彬有禮，氣度軒昂，沒有一絲驚慌之色，不由洩了氣，心想：看樣子鄭國早就有了準備，居然跑這麼遠來警告我一聲；而我軍連日急行軍，又累又睏，以勞待逸，非戰敗不可。於是他假意說：「哪有此事？我們根本不打算去貴國。」

「那怎麼行！」弦高裝出一臉急切的樣子，「我們鄭國大將軍率全軍正在前面國界上等著歡迎您呢，您可不能不去啊！」

一聽這話，孟明視越發相信鄭國軍隊已做好了迎戰的準備，便決定馬上收兵撤退。但他又十分好面子，只好裝模作樣

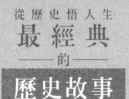

湊近弦高耳邊故作機密的說：「不瞞您說，我們此行是要攻打滑國的。」

　　弦高離開秦軍隊伍後，急忙火速趕回鄭國，把情況報告給國君，集合軍隊做好一切迎戰準備。而孟明視根本沒料到這個鄭國使者是冒牌的，只好滅了滑國後垂頭喪氣的領兵回國了。

　　鄭國百姓躲過了一場可怕的災難，無不奔走相告，稱讚弦高是一個機智愛國、見義勇為的大英雄。

　　俗話說：「國家興亡，匹夫有責。」每個人都可以為國分憂，為社會做出自己的貢獻。在民族危難的時候，每個人的力量都顯得非常重要。只要把握好機會，每個人都可能改變歷史。

提前敲響的五更鼓聲

　　北宋初年，宋太祖趙匡胤剛剛統一天下。四川劍閣一帶戰亂平息不久，在戰爭中開溜的逃兵流亡各地，成為盜匪。他們或聚或散，到處打家劫舍，使得百姓不得安居樂業。朝廷便派馮瓚前往梓州擔任知府（劍閣屬於梓州管轄）。

　　馮瓚到梓州走馬上任沒有幾天，四川有個逃亡的軍官名叫上官進的，率領三千名逃兵，脅迫幾萬百姓，趁著夜色，浩浩蕩蕩進攻梓州城。

　　馮瓚接到軍情報告後，便登上城牆觀察。只聽得城下「哇哇啦啦」的叫成一片，他對部屬說：「你們不必擔憂，這些盜匪不敢在白天出動，而是夜裡偷偷摸摸來打劫，可見他們心虛膽怯，純屬烏合之眾，我們如果組建精兵相迎，他們一定會落荒而逃。只是現在城裡只有三百人馬，加上又是夜晚，難以整

理隊伍和列成戰陣。唯一可取的辦法是保持鎮靜，絕不驚慌，待到天亮，盜匪必定不戰自潰。」說罷，便分派各項守城事宜。先是將二百人馬分派到東、南、西、北四個城門堅守，又派身強力壯、機動靈活的官兵組成巡邏隊在城牆上嚴密監視敵情，一有動靜即刻敲鑼以便調集援兵救急。最後，他暗暗命令更夫半個時辰就作為一個時辰來敲。

於是，更夫頻頻敲更，在半夜三更時分，就敲響了將近天亮的五更鼓聲——「梆、梆」的聲音，以響亮的力度傳到城外。

圍城的盜匪本來是為搶劫而來，既無鬥志，又無隊陣，而且也不曉得城裡到底有多少官兵，如今聽到更聲，以為天就要亮了，也許官兵就會出城進攻，個個嚇得膽戰心驚。正在這時，不知誰叫了一聲：「天快要亮了，官軍要衝出來啦！」話音剛落，幾萬盜匪亂了陣腳，「嘩啦啦」如退潮一般的向後逃奔。

上官進收腳不住，也只得帶領幾個親兵沒命的逃跑了。一時之間，你踐我踏，潰不成軍。馮瓚在城樓上看得清清楚楚，覺得時機已到，便命令官兵出城追擊逃匪。很快就俘獲了一千多名敵人，上官進也被活捉。

幾天後，馮瓚下令將匪首上官進斬首示眾，對一千多個俘

虜則進行教育予以釋放。從此，梓州全境治安大為好轉，百姓安定，再也沒有盜賊敢於為非作歹了。

那個最先叫喚「官軍要衝出來啦」的人並不是盜賊，而是馮瓚利用夜色掩護、悄悄用繩子將他放下城牆的間諜。

在生活中，我們會遇到各式各樣的困難，有的時候，某些困難可能看似超越了我們的能力。在這種情況下，智謀就顯得非常重要。如果「計高一籌」，就可能取得「不戰而屈人之兵」的效果。

一紙書信遏制千軍萬馬

　　當曹操得知周瑜病逝的消息後，就準備再次興兵進犯江東。但是，他又擔心西涼州的鎮東將軍馬騰，會乘機襲取空虛的許都。為此，曹操特派使者西去涼州，以朝廷的名義給馬騰加以征南將軍的頭銜，命令他隨軍討伐孫權。於是，馬騰帶領次子馬休、馬鐵及五千西涼兵卒應召來到許昌城下。

　　不久，西涼兵被曹操消滅，馬騰父子三人也慘遭殺害。

　　此後，曹操自認為解除了後顧之憂，即時起兵三十萬，直撲江東。

　　江東聞報之後，立即讓魯肅派使者西上荊州，向劉備求援。諸葛亮看罷江東的求救信，胸有成竹地對劉備說：「既不用動江南之兵，也不用動荊州之兵，我自有妙計使曹操不敢進兵東南。」

　　他讓使者帶回江東的信中說：「如果曹軍南犯，劉皇叔自有退兵之策。」

　　諸葛亮告訴劉備說：「曹操平生最擔心的就是西涼之兵。現在曹操殺了馬騰，馬騰長子馬超仍然統領著西涼之眾，曹操的殺父之仇定使馬超刻骨切齒。主公只要修書一封，派人結援馬超，讓馬超興兵入關。這樣一來，曹操豈能兵犯江東？」劉備聞言大喜，立即修書，派使者投送西涼的馬超。

　　馬超聽說父親和兩個弟弟遇害的消息後，放聲大哭，悲愴倒地。他咬牙切齒，痛罵曹賊。

　　正在此時，劉備的使者持書趕到。馬超拆書一看：劉備在信中除了大罵曹操之外，還回憶了昔日與馬騰同受漢帝密詔、誓誅曹賊的往事和舊情。

　　信中指出，現在曹操與馬超又結下不共天地、不同日月之深仇。諸葛亮建議馬超率西涼之兵以攻曹之後，他統荊、襄之眾以遏曹之前。認為此舉不但曹操可擒、奸黨可滅、大仇可報，而且漢室可以復興。

　　馬超看罷，立即揮淚覆信，打發使者先回，隨後便點起西涼兵馬。正準備進發時，西涼太守韓遂使人請馬超相見。原來

韓遂與馬騰是結義兄弟，韓遂與馬超以叔侄相稱。韓遂告訴馬超：曹操派人送來書信，以封西涼侯為誘餌，讓韓遂擒拿馬超。韓遂還向馬超表示：既為叔侄，不忍加害，願意與馬超一起聯軍進擊曹操，以報仇雪恨。

韓遂殺掉曹操的使者，又徵調手下八部兵馬，合自己與馬超共計十部，二十萬大軍，浩浩蕩蕩殺奔長安。

曹操得到關中警報以後，遂放棄南下攻擊孫權的計劃，專心對付關中的馬超、韓遂之軍。諸葛亮一封書信就輕而易舉的制止了曹軍的南下，救了孫權的大駕。

身為軍事家，最高的境界就是「不戰而屈人之兵」，諸葛亮只憑藉一紙書信就遏制了曹操的千軍萬馬，其聰明才智實在令人歎為觀止。

在生活中我們遇到各種難題的時候，也要注意找竅門，抓關鍵，不要衝動。這樣才能取得事半功倍的效果。

從弱處下手，各個擊破

東周初年，鄭莊公因為權大欺君，引起了周桓王的不滿。

公元前七〇七年秋，周桓王召集陳、蔡、衛三諸侯國，出兵伐鄭。蔡、衛兩國的人馬為右軍；陳國的部隊為左軍；桓王親統中軍。三路人馬浩浩蕩蕩直奔鄭國而去。

鄭莊公聽說桓王親自領兵前來征伐，立即召集群臣，商量對策。

大夫子元胸有成竹的說：「周王的三軍，是以中軍在前，兩翼在後的品字形老陣法。我們這次作戰，改換一下這種傳統的陣法：用中軍在後，兩翼在前，成倒品字形，夾擊王師，必能取勝。」

子元說到這裡，見鄭莊公和眾大臣們面面相覷，不解其意，忙又說：「這次作戰，必須先從弱處下手。陳國是被迫出兵，

必然士無鬥志。只要我右翼勇猛衝殺，陳兵一定潰敗。其左翼敗退必然會影響中軍。中軍一亂，其右翼蔡、衛的軍隊就很難支撐，只能一跑了之。這樣兩翼既退，我則集中兵力圍攻中軍，如此豈有不勝之道理？」

眾人一聽，齊聲稱讚。鄭莊公欣然採納了子元的建議。於是今曼伯率領一部人馬為右翼方陣，祭仲足領兵一部為左翼方陣，莊公白領中軍，原繁、高渠彌、祝聘等人在中軍聽候調遣。

周桓王的軍隊入境時，鄭國的軍隊已經做好了一切準備。莊公令三軍出師迎戰。兩軍在鄭國的蠕葛相遇。

兩軍佈陣完畢，周桓王在陣前觀察敵情，正要下達衝陣號令時，見鄭國中軍陣內兩桿大旗不停的擺動。隨著大旗的揮舞，鄭軍兩翼方陣，頓時擂鼓吶喊衝將過來。曼伯率領方陣，戰車在前，步卒在後，隊伍整齊，人馬雄健，伴著震耳欲聾的鼓聲，向陳軍衝去。

陳國軍隊本無鬥志，一見鄭軍兇猛的衝來，立即四散奔逃；蔡、衛兩國軍隊，受到祭仲足所領方陣的衝擊，也紛紛向後退卻。

周桓王見兩翼潰敗，著急萬分，正想指揮中軍出陣抵擋，

哪知鄭軍中軍和兩翼部隊一齊向他猛衝過來。王師中軍在鄭軍三路夾擊下，難以支撐，很快就亂了陣腳，周桓王的肩膀也受了傷。他勉強支撐著，率領軍隊慢慢向後撤退。

這是一次典型的從弱處下手，各個擊破的戰例，其展現的戰術原則，在中國軍事史上有重要意義。

齊桓王也非常精通各個擊破的戰術，他先捏「軟柿子」的做法很值得我們借鑑。

公元前六八五年，齊桓王被定為齊國國君。他經歷了多年的軍事較量，奪得了這個寶座。現在他渴望和平，使國家繁榮起來。

一位謀士建議，實現目標的最佳之途，是與該地區裡的八個國家結盟，以齊桓王為盟主。桓王覺得這是和平掌權的良機。他邀請各國代表共商大計。他為會議造了個大平台，他承諾賓客會受到慷慨的招待，而作為和平意圖的象徵，他不會帶一輛戰車去參加會議。

令他驚奇和失望的是，八國中只有四國出席了會議。五國結盟毫無作用，甚至效果相反。因為這種結盟會威脅盟外的四國，觸發今後的爭鬥。不管怎樣，五國還是舉行了儀式，推舉

桓王為盟主。

　　會議期間，桓王建議五國新聯盟攻擊未入盟的四國。他要求他們的支持。四國中有三國答應了。但宋王沒同意。

　　宋王對會議結果不滿意。宋國最大，卻讓桓王來領導聯盟。此外，把四國排除在八國之外，宋王覺得結盟毫無意義。宋王認為，一旦他退出，其他國家也會跟進，聯盟就垮台了。當晚，宋王悄悄離會。

　　宋國退盟令桓王火冒三丈。他命令一位將軍窮追宋王，直到殺了他。但在執行他的命令前，他的一位謀士做了有趣的爭辯。他建議桓王暫時不要驚動宋國，而應該關注四國中沒參加會議的某鄰國。這種攻擊既安全又便宜，但對宋國卻是有效的警告。

　　為此，本該攻擊最初的對手宋國，桓王轉而攻擊弱小的鄰國。當他兵臨城下後，擔心慘敗的小國之君向桓王傳遞了急報，解釋他之所以未出席會議，是因為自己生病了，而他原本是準備入盟的。作為回報，桓王停止進攻，小國加入了聯盟。

　　桓王戰術中隱蔽的信號十分有力。未出席首次會議的國家擔心受到攻擊，同時被桓王寬恕舊敵的肚量所感動，都表示歉

意，紛紛入盟。

這就僅剩下宋國遊蕩在聯盟之外。桓王組建聯軍，向宋國首都進發。聯軍還未逼近宋國，宋王明白與七國叫陣徒勞無益，便也加入了聯盟。

桓王團結了八國，獲得了和平，滴血未流便掠取了強權。他透過攻擊弱敵取得這一成果。

中國人自古強調：「逢強智取，遇弱活擒。」在遇到強敵的時候，首先一定要積極主動的尋找薄弱的環節，先在容易下手的地方取得突破。「好的開始等於成功的一半。」尋找正確的突破點，以便為順利達成自己的目的，奠定基礎是非常重要的。

朱元璋用智整軍紀

　　一三五六年，朱元璋率領紅巾軍攻下集慶後，準備攻打鎮江。就在攻打鎮江的拂曉，負責指揮這場戰役的徐達將軍遲遲未露面。突然，一則驚人的消息傳到了大軍聚集的教場：徐達將軍已被抓了起來，馬上就要問斬。

　　眾將士們異常吃驚。徐達將軍自跟朱元璋起兵以來，東征西討，立下了不少汗馬功勞。究竟他是犯了什麼罪，以致於要被砍掉腦袋？

　　過了一會兒，只見徐達將軍被反綁著押了過來，後面跟著兩名手捧鋼刀、殺氣騰騰的劊子手。朱元璋也在眾衛士的簇擁下來到教場。

　　執法官用洪亮的聲音宣佈：「徐達身為統兵大將軍，不知管束部隊將士，軍中屢次發生欺壓百姓的事情，壞我紅巾軍的

名聲。為嚴明軍紀，對徐達應予斬首示眾！」

眾將士一聽都嚇得臉色慘白，只見朱元璋要下令行刑，一時不知如何是好。

帥府都事李善長硬著頭皮給朱元璋跪下，說道：「徐大將軍作戰英勇，屢立大功，當下軍務緊急，正是用將之時，望元帥寬恕他！」

眾將士也都一齊跪下，哀求說：「軍中發生的欺壓百姓之事，不能只怪罪徐大將軍，我們亦有責任。求元帥饒恕他！」

朱元璋坐在椅子上，臉色鐵青，一言不發。半晌，他終於站了起來，口氣堅定的問道：「我們起兵是為了什麼？」

眾將士異口同聲地回答：「替天行道，除暴安民！」

「大家說的對。」朱元璋點點頭，「我們起兵反元，就是因為元朝官府欺壓百姓。如果我們推翻了元朝，反過來又欺壓百姓，那麼我們不就和元朝官兵一樣了嗎？要不了多久，別人也會替天行道，起兵除我們的暴了！」

李善長見朱元璋語氣有所緩和，又趁機哀求道：「徐大將軍跟著元帥多年，戰必勝，攻必克，勞苦功高，這一次就原諒他吧！」

朱元璋聽後，沉吟了半晌，才指著徐達喝道：「看在眾將士的分上，這次暫且饒了你。以後軍中再發生欺壓百姓之事，定斬不饒！」說罷，朱元璋拂袖而去。

鬆了綁的徐達又恢復了大將軍的威風，他當場宣佈：「打下鎮江後，一不許燒房，二不許強搶，三不許欺凌百姓，四不許調戲婦女。違者砍頭示眾！」

於是，徐達將軍率領這支紀律嚴明的大軍很快攻佔鎮江。進城後，大軍秋毫無犯，當地百姓拍手稱讚，奔走相告。

朱元璋見到這種情形後十分高興，他把徐達叫來，一把拉住徐達的手說：「賢弟，教場那幕，實在委屈你了！」

徐達笑道：「元帥高明，沒有教場那幕，怎能有今天這樣好的軍紀！」

原來，紅巾軍自打下南京以後，軍紀鬆弛，強買強賣、調戲婦女之事屢有發生。朱元璋為此憂心忡忡。他知道光靠抓幾個違紀將士是達不到應有的作用的，於是就導演了假斬徐達這場戲。

朱元璋透過假斬徐達來告誡眾將士一定要遵守軍紀，這一「苦肉計」果然靈驗。

解決及處理問題的時候，一定要抓住主要的問題癥結，處理好主要人物的關鍵問題，樹立好「典範」，這樣，其他次要的問題自然就迎刃而解了。

嚴養齋以柔克剛

　　明代海虞人嚴養齋，曾經當過主管考察官員的吏部尚書，後來又當了宰相。他準備在城裡蓋一座大宅子。地基已經測量好了，唯獨有一間民宅正好建在地基之內，這樣使得整個建築達不到預期的效果。

　　房主是賣酒和豆腐的，房子是他的祖輩傳下來的基業。工地的負責人想高價買下他們的房子，但是這家人堅決不同意。

　　負責人便很生氣的報告了嚴養齋，嚴養齋平靜的說：「沒關係，可以先營建其他三面嘛！」就這樣，工程便破土動工了，嚴養齋下令工地的人每天所需的酒和豆腐都到那戶人家去購買，並且先付給他們訂金。

　　那家的夫妻因店小而工地上的人所需的酒和豆腐數量又很大，人手一時忙不過來，供給不上，就又招募工人來幫忙。

不久，招募的工人越來越多，他們所獲得的利潤也越來越豐厚，所貯存的糧食大豆都堆積在家裡，釀酒的缸及各種器具都增加了好幾倍，小屋子裡實在是裝不下了。再加上他們感激嚴相公的恩德，自愧當初抗拒不搬的行為，於是，就主動地把房契送給嚴養齋，表示願意讓出房子來。

嚴養齋就用附近一處更寬綽一點的住宅和他們調換，這家人非常高興，沒過幾天就搬走了。

遇到困難和障礙的時候，最愚笨的辦法就是硬碰硬。採取迂迴曲折、以柔克剛的方法，往往能更容易、更輕鬆的解決問題。

布爾族人的軍服

　　十九世紀末，英國殖民主義者侵略南非時，遇到了布爾族人民的頑強反抗。可是，一開始由於敵我兵力懸殊太大，布爾民族軍不斷失利。

　　「這些該死的英國佬，他們憑人多馬壯取勝。」布爾族軍隊的指揮官馬丁憤憤的想，「看來，如果我們與侵略軍拼消耗，我們是拼不起的，要想獲勝，必須智取。」

　　這天，馬丁領著幾十個部下在前沿陣地觀察敵營，突然聽到身後有人喊：「指揮官先生，邁克回來了。」

　　馬丁立刻轉過身來，逕直朝指揮所走去。當馬丁跨入指揮所時，偵察員邁克已守候在那兒了。「小伙子，敵人又有什麼新動向？」馬丁一面平靜的問，一面打量著小伙子身上有趣的打扮。

邁克身上的衣服，也不知他是怎麼搞的，已完全改變了本來的顏色，換成了深淺不一的草綠色。

「喔—— 你居然一下就避過敵人四道崗哨，而沒被發覺，你是怎麼進去的？」馬丁聽著邁克的匯報，對他傳奇式的經歷產生了興趣。

「不靠別的，就靠這身衣服。」邁克笑呵呵的說著，並指了指身上的衣服。

本來馬丁就已在研究邁克的衣服顏色的作用了，經他這麼一提醒，立刻明白了。同時，他聯想到：如果讓我們的士兵全都換上這種顏色的衣服，在叢林中就不易被敵軍發現啦！於是，一道新的命令在布爾族軍隊中下達了：

「軍裝全部染成草綠色後才能上戰場。」

布爾人的軍服顏色這麼一改變，在戰場上的情勢就大不一樣了：他們躲在叢林中很容易發現身著紅色軍裝的英軍，並發起突然襲擊；而英軍卻很難找到叢林裡的布爾人，他們在叢林裡穿行，簡直像搖晃著的樹木，讓人很難識別。

布爾軍在馬丁的指揮下不斷發起進攻，英軍防不勝防，損失慘重。在這場戰爭中死傷了九萬多人。

布爾人在慶祝勝利的時候，風趣的宣稱，他們的勝利，是「草綠色」的勝利。

此後，全世界的軍隊都注意軍服的偽裝色了。

在面對困難解決問題的時候，首先要抓住主要的問題癥結。但是，也不要忽視微小的部分。有的時候，在小細節方面稍微做出一些改變，就能產生意想不到的效果，造成完全不同的結果。

劉秉恬翻山越嶺運軍糧

　　劉秉恬是清朝乾隆時的一位名臣，他以足智多謀，精於用兵而著稱。

　　乾隆三十六年，朝廷發動了征討金川的戰爭。戰爭曠日持久的進行著，前線軍隊的給養越來越少了。可是，往金川運糧的路線，卻多是崇山峻嶺，地勢險惡。面對須跋山涉水、冒巨大風險督運軍糧的苦差事，朝廷眾臣，誰也不肯出頭。次年，朝廷正式任命劉秉恬為欽差大臣，總督軍糧的調運。

　　這一日，劉秉恬督率的運糧大軍正向小金川方向前進。部隊翻山越嶺，在高山峽谷裡迂迴前進。可是，前面的山路越走越險峻了。

　　「大人，前面的道路太陡，馬車幾乎無法通行。」劉秉恬的一位親兵小跑著前來稟報。

「命令隊伍停下，把馬車上的軍糧全部卸下。」劉秉恬從容的說。

「什麼？大人，您說把軍糧從馬車上都卸下來？」旁邊一位軍官不解的問。

「別多問，你們馬上就會明白。」

於是，運糧的軍士遵照命令，動手卸糧。

就在軍糧差不多卸完的時候，不知是誰叫了一聲：「喲！看哪，後面哪來那麼多山羊呀！」

士兵們紛紛回頭觀看。只見後面山道上趕來了白茫茫一大片的羊群，約有上萬頭呢！

這時，從羊群中飛來一騎快馬。一轉眼，一名年輕威武的軍官來到了將軍劉秉恬的面前：「報告大人，購買的一萬頭山羊全部趕到了。」

「好！命令軍士把糧食分裝在特製的小袋子裡，然後全部放在山羊背上，棄掉車馬，繼續前進。」劉秉恬捻著山羊鬍子笑瞇瞇地吩咐著。

「是！」

剛才疑惑不解的官兵，一下子便明白了卸糧的原因，高興

的把糧食分袋裝到羊背上。只見那些山羊馱著糧食，在原先車馬無法通行的地方行走得那樣輕鬆自如。一個看起來似乎十分棘手的困難，就這樣被劉秉恬輕而易舉的解決了。

原來，劉秉恬在督運軍糧之前，到小金川一帶進行了實地考察，知道這兒馬車無法通行。即便馬匹能勉強通過，馬匹的草料也無法上送。

經過仔細觀察，他發現，在這險峻的山路上，山羊倒是行走自如。而且，牠們不需要太多的草料，隨地可吃，邊吃邊走。

劉秉恬還專門對幾頭山羊作了試驗，發現六隻羊便可馱起一石糧了。有了此番調查研究，所以，他就胸有成竹，穩操勝券了。

在思索問題、解決問題的時候，不必局限於傳統的觀念，要「不拘一格」，善於變通，盡量考慮一切可能的解決方法。

莫名其妙發出響聲的磬

在洛陽的一座寺院裡，有一只磬常常會莫名其妙的發出響聲，不管是白天還是黑夜，又沒有人去敲擊它，它總是這麼自己響起來。僧房裡的僧人對這個會自鳴的磬十分恐懼，總以為是鬼怪在作祟，時間長了以後，這位僧人因驚恐而嚇出了病。

寺院裡上下都有些惶恐不安，他們請來許多術士、法師，讓他們施展出各自的高招，也沒有一個人能制止這個磬的自動發聲。這件事搞得僧人坐臥不寧，惶惶不可終日。

僧人有個好朋友，名叫曹紹夔，他聽說僧人病了，便前往寺院探望。這一天，曹紹夔來到洛陽的這座寺院，見到自己的朋友面目憔悴，眼神惶惑，很是同情，便詢問病情病因。僧人把磬自鳴的情況和自己的懷疑都告訴了曹紹夔。正說話間，寺院裡敲起了齋鐘。忽然，那磬又自己響起來了。

　　僧人一聽到磬又響起來，自然是嚇得臉色慘白，跳起來一把抓住朋友的衣袖，哆嗦著說：「你聽、你聽……」曹紹夔已基本明白了磬鳴的原因。他見朋友嚇成那個樣子，不覺笑了。他對僧人說：「這樣吧，我來替你解除磬自鳴的侵擾，你明天擺好豐盛的酒宴等著我！」

　　僧人迫不及待的央求道：「為什麼要等到明天呢？今天不行嗎？」

　　曹紹夔神祕的笑了笑說：「我必須回去拿一樣東西來才能解決問題。」

　　僧人以為朋友跟自己鬧著玩，不大相信他說的話，但是，還是抱著一線希望，為曹紹夔準備了一桌豐盛的宴席，第二天，曹紹夔果真來了，僧人十分高興，招待曹紹夔吃過飯，便一同來到那個會自鳴的磬跟前。只見曹紹夔不慌不忙從衣兜裡掏出一把銼刀來，在磬上連銼了幾下，就告辭走了。

　　說來也怪，打這以後，這個磬真的再也不自鳴了。僧人不解其中奧祕，便特地去找到曹紹夔，問他是什麼原因。曹紹夔笑笑，解釋說：「你僧房裡那個磬和你們寺院裡那口鐘有相同的頻率，那邊敲鐘，鐘一響就引起磬的共鳴，於是磬也就發出

聲響，哪來什麼鬼怪作祟！我只不過將磬銼幾下，破壞了它原有的頻率罷了。」僧人聽了，如釋重負，病也很快就好了。

　　許多自然的現象，由於人們不能瞭解其發生的根本原因，就容易產生迷信的思想。凡事只要懂得它的科學道理，就能掌握它並改變它，而不至於疑神疑鬼了。

御史蔣恆查元兇

唐朝貞觀年間，湖南衡陽的一家板橋客店發生一起謀殺案。在店主張迪的妻子回娘家的那天晚上，張迪在店裡睡覺時突然被殺。

店裡的夥計懷疑是當晚住店的三個客官所為。因為這三個人在張迪被殺後不久便匆匆離店走了。夥計們立即去追趕這三個人，追上一搜查，這三個人都帶著刀子，其中一個叫衛三的刀子上還有血跡，就把他們扭送到官府。

他們開始時不承認殺了人，在動了大刑之後才供認他們是兇手，官府老爺讓他們畫了押，吩咐左右：「押入大牢，等候處斬！」

唐太宗李世民聽說了這個案子，覺得有些蹊蹺。三個客官與店主前無冤後無仇，為什麼要行兇殺人呢？李世民叫來御史

蔣恆，說道：「你去複查一下這個案子，一定要查個水落石出。」

蔣恆來到衡陽，告訴當地官府不要立即處斬那三個客官。他對這三個客官親自提審，問道：「那天晚上你們為什麼半夜離開客店？」

衛三回答說：「回大人的話，我們三人不是本地人，這次出來是為了做買賣。因為第二天要到六十里外去看貨，所以半夜動身。當時店裡的人都在睡覺，故而不辭而別。」

蔣恆又問：「衛三，你的刀為什麼有血跡？你要如實招來！」

衛三又說：「小人確實不知刀上的血從何而來。我在睡覺前曾洗刷過我的刀，不知為什麼第二天上面竟有血跡。小人的話如有半句假話，情願受死！」

蔣恆初步斷定這三個人並非兇手，他寫信給李世民談了自己的想法。李世民回信說：「愛卿複查此案細而有加，令我十分高興。我看追查真兇，不妨採用打草驚蛇之計。」

至於如何採用打草驚蛇之計，唐太宗並未詳談。蔣恆知道這是唐太宗有意考驗他。蔣恆苦想了整整一個晚上，終於有了主意。

　　第二天，蔣恆要板橋客店的所有人員都到官府集合。人到之後，蔣恆又說人不足數，次日再來。他只留下一個八十歲的老婆婆，與她說了一些天南地北的閒話，很晚才放她回去。老婆婆剛出門，蔣恆就吩咐一個獄卒說：「你祕密跟蹤老婆婆，看誰主動與她說話。」

　　獄卒緊跟著老婆婆不放，果然有一個男子前來問老婆婆：「官府都問了妳些什麼？」老婆婆實言相告。蔣恆又叫客店的人到官府集合兩次，每次都讓老婆婆晚走，那個男人總是向老婆婆問來問去。

　　蔣恆立即派人追查這個男人與店主的關係，得知此人與店主的妻子有曖昧關係，張迪為此與他鬧過糾紛。蔣恆下令將這個男人逮捕。經審問，這個男人果然是殺害張迪的兇手。

　　原來，這個兇手與張迪之妻長期通姦，為達到霸佔店產、永遠姘居的目的，他一直想謀害張迪。那天晚上來了三個帶刀的客官，於是產生了借刀殺人、移屍嫁禍的念頭。他先讓張迪妻回娘家，半夜裡潛入客房，用衛三的刀殺死張迪，又把帶血的刀裝回刀鞘。

　　在唐太宗李世民的啟發下，蔣恆設計了「打草驚蛇」之計，

終於使這件疑案真相大白。

　　遇到難題的時候，不能性急。要有耐心，還要心細，善於從細小的方面尋找解決問題的突破點。遇到障礙的時候，就要善於動腦，努力創造有利於解決問題的各種條件。

不要被表面現象所迷惑

　　三國時期東吳的孫亮，十五歲就繼承了父親孫權的王位，所以稱他為少年吳王。

　　一天，孫亮理完朝政，感到口乾舌燥，吩咐太監到宮中倉庫去取蜜浸梅（蜜糖泡浸的梅子）。

　　那太監去了一會兒，便捧著銀碗急急忙忙走來，跪著獻了上去。孫亮接過銀碗打開一看，卻發現蜜糖裡有好幾顆老鼠屎。他強忍心中怒火，命人把庫吏叫來。

　　庫吏見了孫亮，急忙跪下，不知道出了什麼事，心中十分害怕。

　　孫亮問：「剛才太監從你那裡取來的蜜浸梅裡，發現有老鼠屎。你說，這是怎麼回事？」

　　還沒等庫吏開口，那個取蜜浸梅的太監便搶著大聲質問：

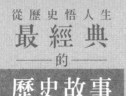

「你是怎麼管御庫的？御庫裡為什麼跑進了老鼠？還不如實招來！」

庫吏一聽是蜜浸梅中有老鼠屎，吃了一驚。轉念一想，又覺得不對，急忙說：「聖上息怒，容小人稟告。倉庫裡放的蜜浸梅，全都放在大瓶子裡，封裝十分嚴密，老鼠根本進不去，怎麼會有老鼠屎呢？聖上如不信，可另派他人去取幾瓶來，當面打開，如有老鼠屎，小人願以腦袋向聖上謝罪。」

聽庫吏這麼一說，孫亮心裡有了疑惑：莫非是有人暗中搞鬼？他看了看站在身旁的太監，太監正神色不安的瞪著庫吏。於是，孫亮又問庫吏：「以前太監到你那裡要過蜜浸梅沒有？」

庫吏偷偷看了那個太監一眼，只見他那惡狠狠的目光，正向自己射來。

庫吏連忙低下了頭，戰戰兢兢的說：「這、這……」

孫亮看到庫吏心裡有顧慮，便鼓勵的說：「有話只管大膽講來，有朕給你做主就是。」

庫吏聽了，便壯了膽子，才說：「剛才聖上派去取蜜浸梅的這位太監，以前曾多次去要過。小人認為這是專供聖上食用的，因此一直沒有給他。別人誰也沒去向小人要過。」

孫亮一聽，立即問那個太監說：「有沒有這事？」

那個太監慌忙跪下辯解道：「報告聖上，從無此事，分明是他嚴重瀆職，而使老鼠跑進了御庫。現在還想狡辯，按律條應立即斬首！」

孫亮此時心裡已經明白了八分，他冷冷的說：「情況還沒搞清楚，怎麼就能隨便殺人！」

在場的大臣刁玄說：「這事交給法官審理去好了，聖上何必費心。」

孫亮搖搖頭說：「這件事現在就可以搞清楚，沒有必要交法官去處理。」

於是，他命人把蜜糖裡的鼠屎，取出一顆，剖開一看，老鼠屎外濕裡乾。孫亮大笑著對人們說：「你們想，老鼠屎如果早就浸在蜜糖裡，那它裡外必定都是潮濕的。如今這蜜糖裡的老鼠屎是才放進去不久。我敢斷定，此事是太監所為。」

在場的人看到孫亮如此明斷是非，都非常驚訝。

庫吏也萬分激動的說：「聖上斷案如神，小人永世感謝您的大恩。」

那位太監呢，他知道自己的陰謀已經敗露，「撲通」一聲，

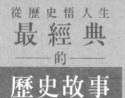

跪在地上請聖上饒命。

在三國事典中，還有一個「張舉焚豬察真情」的故事，與孫亮斷案有異曲同工之妙。

三國時，吳國人張舉任句章縣縣令。一天，有人來報「謀殺親夫」案，被告是個三十多歲的婦人。她身穿素衣，一到大堂就號啕大哭。

原告申訴道：「我是她丈夫的哥哥，昨日她回娘家，正巧半夜我弟弟家突然起火，那裡四周沒有人家，待我們趕到時，房屋已燒塌，我弟弟死在床下。平日，這女人行為不端，定是她與姦夫商量，先回娘家，半夜又與姦夫謀殺了我弟，再焚火燒屋，以藉口『火燒夫死』，請大人為我弟做主！」

那婦人發瘋似的跳了起來：「你說我有姦夫，姦夫是誰？你說我是謀殺親夫，又有什麼證據？」那大伯張了張口，卻說不出什麼來。

婦人更是氣憤，忽然淒慘的大叫道：「我的命真苦啊！年紀輕輕就守寡，還要背黑鍋，叫我怎麼活呀！還不如讓我一死了事！」叫罷，便往旁邊的廳柱上撞過去。差役慌忙一把攔住。於是，她哭得更加傷心，音量之大，音調之悲，使在場的人都

為之動容。

張縣令冷眼觀察了一會，心想：眼下毫無證據，先去驗屍再說。

來到死者的家，只見房屋已經倒塌，灰燼在風中飛旋。驗屍結果，並無可疑之處。張縣令掰開死者的嘴看了看，想了一會，揮揮手說：「辦喪事吧！」

說著向那婦人瞥了一眼，但見她的眉宇間竟有一絲寬慰之色，像突然放下了一樁心事。

她大伯卻急了起來。張縣令並不理會，又說：「辦喪事要宰兩頭豬吧？」

婦人說：「要的，要的。」

張縣令叫死者的哥哥捆了兩頭豬，又叫人在家門口點起兩堆火。眾人都不明白是什麼意思。只聽得縣令說：「把一頭豬宰了，架在火上燒；另一頭豬活生生的燒！」一會兒柴火燒光了。張縣令叫人掰開殺死後烤的豬的嘴，只見裡面沒有灰；又叫人掰開另一頭活烤的豬的嘴，見裡面有灰。於是張縣令說：「你們看死者的嘴裡也沒有灰，說明他是死後被焚燒的。」他轉身問那婦人說：「這下子妳還有什麼話好講？」

那婦人只好招供出與姦夫共謀串通，謀殺親夫的罪行。

　　面對看似複雜和難於判斷的事物，只要我們全面分析、推理，動腦筋想辦法，不被表面現象所迷惑，不被事物的複雜性所嚇倒，就能夠正確的認識事物本質，找到解決問題的有效辦法。

能幹的唐朝御史

　　一天，唐高祖李淵在朝中審閱批文。忽見有一份密告，打開一看，心中大驚，只見報告上赫然寫著岐州刺史李靖欲圖謀反，而且列舉罪行數條。

　　唐高祖似信非信，覺得自己一向將李靖視作親信，況且李靖政績顯赫，忠心耿耿，怎會忽然謀反？唐高祖左思右想，甚為疑惑，當即選定一名能幹的御史前往審理此案。

　　御史覺得驚詫，他平時掌管各要員的動態，從沒發現過李靖有謀反的蛛絲馬跡，相反一直認為李靖是朝中數得上的忠臣之一。臨行，御史請求唐高祖為方便審案，希望與告發李靖的那位官吏同往，以便作證。唐高祖准許。

　　御史日夜兼程直趨岐州，到了目的地，御史命眾人悄悄進城住在不為人注意的驛站。第二天一早，御史忽然驚恐萬狀的

從房中衝出，說狀子遺失了，難以交差。眾人目瞪口呆。遺失皇上所交的東西，其後果是不堪設想的。御史火冒三丈的命人將擔夫及一名掌管文件的典吏捆起來。那兩人嚇得面如土色，直喊冤枉。

御史審問了好一會，毫無結果，怏怏的步入房中，又將那密告李靖的官吏喚入道：「本官不慎將你的狀子遺失，此案難以辦理不說，叫我如何向皇上覆命？只得勞駕你重寫一份了。」

那官吏面露難色，但怯於御史的威嚴，便重寫了一份狀子。御史接過一看臉色大變，喝道：「大膽狗官，居然敢誣陷李大人。來人！給我拿下。」

那官吏渾身發抖，但仍嘴硬說：「我犯何罪，請大人道明。」

御史哈哈大笑道：「憑你的本事能瞞過我的眼睛？你前後所寫的兩張東西不相同的地方甚多。分明是你在胡編亂造！」

官吏無話可說。經審訊，果然是誣告。原來，御史為試真偽，謊稱狀子遺失，誘那官吏重寫，結果兩份對照後，內容居然出入很大。御史當即回朝，稟報高祖。誣告者被斬首。

從正面解決問題有困難的時候，就要考慮迂迴曲折的辦法，從側面尋找突破點。只要你信心十足，善於動腦，總能找到解決問題的有效途徑。

明察秋毫的小皇帝

　　漢昭帝繼位的時候只有八歲，他遵從父親的遺詔，由老成持重的大將軍霍光輔政。

　　時間一久，另外一些人便對霍光忌恨起來。以左將軍上官桀和長公主為首一夥人便想方設法要陷害霍光。

　　有一次，霍光出去檢閱御林軍（保護皇帝的禁衛軍），又把一個校尉調到自己府裡工作。上官桀他們便抓住這個機會，派個心腹，冒充燕王劉旦的使者，假造了一封燕王的信，送進皇宮。

　　信上說：「聽說大將軍霍光出去檢閱御林軍，耀武揚威的坐在跟皇帝一樣的馬車裡，又自作主張，調用校尉。

　　這種不尊重皇上、濫用職權的人哪像個臣下？我擔心他准有陰謀，對皇上不利，我要求到皇宮去保衛皇上。」

漢昭帝把這封信看了又看，最後放在了一邊。

第二天早朝，大將霍光知道有人告他的狀，嚇得摘下帽子，趴在地下等待漢昭帝發落。

旁邊站著的上官桀等人卻很得意，心想，這回看你霍光怎麼解釋。

這一年漢昭帝年僅十四歲，他見霍光跪下不肯起來，便操著還未成年的童音說：「大將軍請起，你儘管戴上帽子，我知道有人陷害你。」

眾大臣聽了都愣住了，霍光也站立起來，又是高興又是奇怪。

只見小皇帝把那封書信拿過來對眾人說：「大將軍檢閱御林軍是在長安附近，調用校尉又是最近的事情，兩件事情一共不到十天的工夫。燕王遠在北方，他怎麼能知道這件事呢？就算是知道，馬上寫信，馬上派人來送，也不可能趕到長安呀。再說大將軍要作亂，也用不著調用一個校尉。這明明是有人陷害大將軍，燕王的信分明是假的。」

一語即出，眾大臣暗服漢昭帝的英明。漢昭帝又命人追查信的來源，上官桀怕露餡，就勸說道：「這是件小事，陛下不

必追究了。」

　　從此以後，漢昭帝便開始懷疑上官桀了。

　　在做出一項重大決定的時候，一定要反覆思索，進行多角度考慮，全方位分析，千萬不要聽信別人的一面之詞，以免被蒙蔽，做出追悔不及的錯事。

張賢齊斷家務事

　　宋真宗時，在同皇族有姻親關係的人之間，發生了分財不均的爭執，連皇帝也難斷此家務事，就叫宰相張賢齊來判決。

　　斷案難免會得罪一方，得罪皇戚跟得罪皇帝沒兩樣，怎麼辦？張賢齊親自察看兩家財物。兩家實力相等，高閣華宅，亭台樓榭，描龍繪鳳，風風光光。張賢齊調查後，心裡有了底。兩家人都送張賢齊古玩玉器，他一一拒收。兩家人暗地裡都在張賢齊面前訴說不滿：

　　「你看看他家，哪點不比我家沾光？」

　　「啊呀，我們太吃虧了，一碗水總得端平呀！」

　　張賢齊均報以不置可否的微笑。

　　幾天後張賢齊把兩家主人喚來，說：「你們是否都認為自己東西分得少，對方分得多呢？」

雙方答：「是的。」

張賢齊要他們在供詞筆錄上簽字畫押，兩家主人不知張賢齊葫蘆裡賣的是什麼藥，一一照辦。張賢齊說：「既然你們都承認對方東西比自己分的東西多，那麼，你們就互相對調一下，財產物器不能帶走，財產文契則相互交換。」

兩家主人知道中了張賢齊的計，但供詞已畫押，不便抵賴，這樣，雙方就無話可說了。

俗話說：「清官難斷家務事。」因為，經常的情況是雙方各執一詞，彼此互不相讓。在類似的難題面前，反轉一下腦筋，換一個角度思考問題，往往能找到解決困難的最佳方案。

鄭氏巧妙平事端

　　唐朝李景讓在浙西擔任觀察使期間，有一次軍隊內部群情激奮，氣氛緊張，眼看就要發生事變。李景讓一籌莫展的歎著氣，坐等事態的發展。

　　這件事被他的母親鄭氏知道了，走出內室一看，士兵們一個個瞪著眼睛，說話粗聲粗氣的，憋著一肚子的怨恨。她把一個士兵找到身邊，友善的和他說話。士兵看著李母十分誠懇的樣子，就告訴她士兵的情緒都是因她兒子而來的。原來，李景讓性格暴戾，不懂得愛護士兵，軍中都有怨言。有一位副將當面頂撞了他，李景讓竟然命令衛士用刑杖將副將活活打死。此事激起公憤，還不知怎樣收場呢！

　　鄭氏在軍中生活多年，知道一旦發生兵變，不僅兒子的生命和前程丟了，而且對國家還會帶來禍害。這可怎麼辦呢？事

情都是自己的兒子亂打亂殺引起的，這帳首先要算到李景讓身上。

她拿定主意，命人將兒子叫到庭前，當著諸位將士的面大聲斥責道：「皇上把浙西託付給你，你理應把這塊地方治理好。可是，你卻濫殺無辜，激怒將士，萬一由此發生動亂，你如何對得起朝廷和浙西的老百姓呢？」

李母越說越來火，禁不住聲淚俱下：「你在任上發生了如此不光彩的事，叫我如何還有臉面活下去呢？你不是想活活氣死我嗎？像你這樣不忠不孝的人，留著又有何用呢？」說完，命人剝掉李景讓的上衣，狠抽其背，直打得鮮血淋漓，傷痕纍纍。

將士們看到李母這樣責罰兒子，氣消了大半，紛紛上前求情。最後，李母饒了兒子，軍中的不滿情緒也由此平息。

俗話說：「解鈴還需繫鈴人。」問題出在誰的身上，就要試著在他身上尋找解決問題的方法。李母平息事端的謀略實在是高超。

陳平不露聲色化解危險

陳平在當初投奔漢王劉邦的時候，曾發生過一宗險事。

那是春夏之交的時節。一天中午，天空灰濛濛的，碧綠的田野一片靜寂。這時，從楚王項羽的軍營裡走出一個人，身穿將軍服，佩帶一把寶劍，警戒的四下看著，順著田間小路，急匆匆的向黃河岸邊趕去。這個人就是陳平。他偷渡黃河去投奔漢王劉邦。

陳平趕到河邊，輕聲叫來一艘渡船。只見船上有四五個人，都是粗蠻大漢，臉上露出凶相。當時陳早已覺察到，上這條船有些不妙，但又沒別的去路。他擔心誤了時間，楚兵會很快追趕上來，只好上了船。

船隻慢慢離開了岸，陳平總算鬆了口氣，但他敏銳的觀察到，船上這幾個人竊竊私語，相互遞著眼色，流露出不懷好意

的舉動。

「看來是個大官，偷跑出來的。」

「估計他懷裡一定有不少珍寶和錢，嘿嘿。」

坐在艙內的陳平聽到船尾兩個人這樣低聲議論，並發出陰險的笑聲時，不禁有些緊張。心想：「他們要謀財害命！我雖然身上沒有什麼財物和珍寶，但我只是獨夫一個，只有一把劍，一定敵不過他們。如何安全地擺脫危險的困境呢？」

這時船到了河中央時，速度明顯地減緩了。

「他們要下手了，怎麼辦？」陳平在上船時已考慮了一計策。

他從船內站起來，走出船艙說：「艙內好悶熱啊！熱得我都快要出汗了。」

陳平邊說邊佯作若無其事的摘下寶劍，脫掉大衣，倚放在船舷上，並伸手幫他們搖船。這一舉動，出乎他們的預料，使他們一時不知道該怎麼辦才好。

陳平很用力的搖船。過了一會兒，他又說：「天悶熱，看來要來一場大雨了。」說著，又脫下一件上衣，放在那件外衣之上。過了一會兒，再脫下一件。最後，他索性脫光了上衣，

赤著身子，幫他們搖船。

　　船上那幾個人，看見陳平沒有什麼財物可圖，就此打消了謀害他的念頭，很快把船划到對岸了。

　　陳平在這樣的情況下，以他一介文士的身分，不論是向船家極力辯解，還是憑一時血氣之勇拔劍與船家展開搏鬥，恐怕都難以逃脫被船家殺害的結局。

　　陳平能在間不容髮的緊張瞬間想出辦法，不露聲色的把危機消解於無形，不愧為劉邦手下的一大謀士。

　　生活謀略中佔有首要地位的經典信條就是：「未雨綢繆，防患未然」。在非常情況下，不僅要有預見危機的能力，還要有最高明的應付危機的策略，這樣，才能把問題消弭於無形，避免給自己帶來傷害。

朱元璋整治吃喝風

明朝洪武年間，適逢全國災荒，百姓生活很艱苦，而一些達官貴人卻仍然花天酒地。朱元璋決定自上而下整治一番揮霍浪費的吃喝風，只是一時又難於找到合適的時機，他冥思苦想，終於想出一個好辦法來了。

皇后生日那天，滿朝文武官員都來祝賀，宮廷裡擺了十多桌酒席。

朱元璋吩咐宮女們上菜。首先端上來的是一碗蘿蔔，朱元璋說道：「蘿蔔、蘿蔔，勝過藥補。民間有句俗話說『蘿蔔進了城，藥鋪關了門』。

願眾愛卿吃了這碗菜後，百姓都說『官府進了城，壞事出了門』。來、來、來，大家快吃。」朱元璋帶頭先吃，其他官員不得不吃。

　　宮女們端上來的第二道菜是韭菜。朱元璋說：「小韭菜青又青，長治久安得民心。」說完朱元璋又帶頭夾韭菜吃。其餘官員也跟著夾韭菜吃。

　　接著，宮女們又端上兩碗別的青菜，朱元璋指著說：「兩碗青菜一樣香，兩袖清風好臣相。吃朝廷的俸祿，要為百姓辦事。應該像這兩碗青菜一樣清清白白。」吃法與上次一樣，皇帝先吃，眾官傚傚，風捲殘雲。

　　吃完後，宮女們又端上一碗蔥花豆腐湯。朱元璋又說：「小蔥豆腐青又白，公正廉明如日月，寅是寅來卯是卯，吾朝江山保得牢。」朱元璋動筷後，眾官也就搶著吃了。

　　吃完後，眾官員以為下面可能就是山珍海味了，殊不知等了好久，宮女們就是不端菜來了。

　　朱元璋見大家情緒有點緊張，於是當眾宣佈：「今後請客，最多只能『四菜一湯』，皇后的壽筵就是榜樣，誰若違反，定嚴懲不貸。」接著宣佈散宴。

　　傳說，自那次宴會後，文武眾官宴會無一敢違例，廉儉之風倒也盛行一時。

　　管理階層揮霍浪費的吃喝風會敗壞社會風氣，因此必須採取果斷的措施，及時加以制止和糾正。

　　俗話說：「上行下效。」「上梁不正下梁歪。」不論推行什麼政策，制定什麼規矩，領導者都一定要當好表率，從我做起，嚴於律己，千萬不能空喊口號，或只要求下屬如何如何。

與眾人持相反態度的叔向

　　景差是鄭國的相國。一次，景差坐著馬車帶著隨從外出，出都城走了一段路，發現前面車馬擁擠，道路堵塞，景差讓隨從上前察看，原來前面很長一段路淤泥堆積，坑坑窪窪，車、馬每行到此便難以前進，馬摔倒路邊，車陷進泥裡，人只好下車去拚命推拉那些車、馬，搞得十分狼狽。

　　堵在後面的行人十分焦急。見此狀況，景差忙命自己的隨從都下去幫忙推車拉馬，自己也親自下車前去指揮，使混亂的局面慢慢變得有秩序起來。

　　又有一次，景差坐車經過一條河邊，只見一個老百姓捲起褲腳走過河，因為時值隆冬，那人上得岸來，兩條腿已經凍僵，全身也哆嗦成一團。

　　景差看到這個情況，趕緊叫隨行的人把那凍得渾身發紫的百姓扶到後面的車上，拿了一件棉衣蓋在他身上。好半天那人才緩過氣來，對景差真是千恩萬謝，感激不盡。景差關懷老百姓疾苦的事情傳開了，大家都稱讚景差是個了不起的人。

　　可是，晉國大夫叔向卻與眾人持相反的態度。叔向說：「作為一個相國，景差並不稱職，只不過是個庸才罷了。假如他真正勝任本職工作，就該對交通情況、橋梁道路瞭如指掌。對泥濘的路面及時加以維修，而不至於到了走不通時去指揮疏通。至於橋梁，他該在春季就動員百姓把河溝渠道清理好，在秋季就組織人力物力將渡口橋梁修復、架好。到了寒冷的冬季，連牲畜都不能走過河了，更何況是人呢？可見景差胸無全局，不會深謀遠慮，算不得稱職的相國。」

　　看來，叔向的評價是有道理的，作為一國之相，關心老百姓就必須從大事做起，從根本上解決問題，而不是頭痛醫頭，腳痛醫腳。

在現實生活中，有些問題運用一定的手段，可以暫時解決，但是其隱患並未消除。真正解決問題，不能夠頭痛醫頭，腳痛醫腳，需要做到治本求源，想辦法找出問題的規律所在，「標本兼治」，才能從根本上解決問題。

陳康肅和賣油的老頭

　　宋朝有個叫陳康肅的人，十分擅長射箭。他能夠在百步開外射中楊樹的葉子，這樣的射技舉世無雙，再沒有第二個人能夠比得上，陳康肅對自己的本領很是自負。

　　有一次，陳康肅在自家後花園的場地上練習射箭，引來很多人圍觀。有一位賣油的老頭兒挑著擔子經過，也停下來，放下擔子，斜著眼睛看陳康肅射箭，很久都沒有離開。

　　陳康肅的箭術果然名不虛傳，射出的箭十次有八九次都射中靶心。旁邊圍觀的人們大聲喝彩，手心都拍紅了，只有那位賣油的老頭兒，仍用斜眼瞅著，只是稍微點了下頭。

　　陳康肅見老頭兒似乎有點看不上他射箭的技藝，又生氣又不服氣，就放下弓箭走過去問老頭兒說：「你也懂得射箭嗎？難道你認為我射箭的技術還不夠專精嗎？」

　　老頭兒平靜地回答說：「我覺得這也沒什麼了不起的，只不過你練的多了，手熟而已。」

　　陳康肅終於發怒了，質問道：「你怎麼敢如此貶低我的絕技！」老頭兒也不急，不慌不忙的說：「我是從我多年來倒油的技巧中懂得這個道理的。我就表演給你看一看吧！」

　　說完，老頭兒把一個葫蘆放在地上，又取出一枚圓形方孔的銅錢蓋在葫蘆嘴上，然後他用一把油瓢從油桶裡舀了一滿瓢的油，再將瓢裡的油向蓋著銅錢的葫蘆嘴裡倒。只見那油成細細的一線流向葫蘆嘴，均勻不斷。

　　等油倒完了，把銅錢拿下來細細驗看，竟然連一點油星子都沒有沾上。

　　在人們一片嘖嘖稱奇聲中，賣油翁笑了笑，說道：「我這點彫蟲小技也沒有什麼了不起的，不過是手熟而已。」

　　陳康肅看完了表演以後笑了起來，客客氣氣的把賣油翁送走了。

　　清代著名學者彭端淑說：「人之為學有難易乎？學之，則難者亦易矣；不學，則易者亦難矣。」「熟能生巧」，「功到自然成」。再難的事，只要我們不斷練習，反覆實踐，也一定能夠輕鬆自如的掌握其訣竅。

少年米芾學字

　　宋代著名書畫家米芾，小時候在私塾館學寫字，學了三年，也沒學成。一天，一位進京趕考的秀才路過村裡。米芾聽說這秀才寫得一手好字，就跑去求教。

　　秀才翻看了米芾臨帖寫的一大打子紙，若有所悟，對他說：「想跟我學寫字，有個條件，得買我的紙。不過，貴點，五兩紋銀一張。」

　　米芾一聽嚇了一跳，心想：哪有這麼貴的紙，這不是成心難為人嗎？秀才見他猶豫了，就說：「嫌貴就算了！」米芾求學心切，借來五兩銀子交給秀才。秀才遞給他一張紙說：「回去好好寫吧，三天後拿給我看。」

　　回到家，米芾捧著五兩紋銀買來的一張紙，左看右看，不敢輕易使用。於是翻開字帖，用沒蘸墨汁的筆在書案上劃來劃

去，想著每個字的間架和筆鋒，這樣琢磨來琢磨去，竟入了迷。

　　三天後，秀才來了。見米芾坐在那裡，手握著筆，望著字帖出神，紙上卻一字未寫，便故作驚訝的問：「怎麼還沒寫？」米芾一驚，如夢方醒，才想起三天期限已到，喃喃的說道：「我，我怕弄廢了紙。」

　　秀才哈哈大笑，用扇子指著紙說：「好了，琢磨了三天，寫個字給我看看吧！」米芾提筆寫了一個「永」字。

　　秀才拿過來一看，這個字寫得大有進步，漂亮極了。這才問道：「為什麼三年寫不好，三天卻能寫好呢？」

　　米芾小心答道：「因為這張紙貴，我怕浪費了紙，不敢像先前那樣信筆寫來，而是先用心把字琢磨透了……」

　　「對！」秀才打斷他的話說：「學字不只是動筆還要動心，不但要觀其形，更要悟其神，心領神會，才能寫好。現在你已經懂得寫字的竅門了，我該走啦！」說著，揮筆在寫有「永」字的紙上添了七個字：「（永）志不忘，紋銀五兩」。又從懷裡掏出那五兩紋銀還給米芾，便出門上路趕考去了。

　　米芾一直把這五兩紋銀放在案頭，時刻銘記這位苦心教誨的啟蒙老師，並激勵自己勤學苦練，後來終於成為著名的畫家

和書法家。

　　一句古羅馬諺語說：「學問是苦根上長出來的甜果。」輕易得到的東西，人們往往不珍惜，在學習的問題上也是一樣。要珍惜學習的機會，學習要多用心，勤動腦。不但要瞭解表面的知識，更要悟其精髓，心領神會，才能學好。

李時珍和庸醫

李時珍一生喜愛讀書，注重實踐，醫術高超，救死扶傷，被尊為「醫中之聖」。

他的家鄉有一名庸醫，雖不學無術，卻常常假裝斯文，購買了許多醫書，以此來炫耀自己。

有一年梅雨季節剛過，庸醫命家人將藏書統統搬到院子裡曬。他在院子裡踱著方步，看著攤開滿滿一院子的各種古典醫書，洋洋得意，趾高氣揚。

此情此景正巧被路過的李時珍碰見，一向待人寬厚、不露鋒芒的李時珍，一時興起，便解開衣襟，靠在庸醫院子裡的靠椅上，袒胸露腹，曬起了太陽。

庸醫一見，莫名其妙，不解的問道：「您這是做什麼？」

李時珍微笑著答道：「我這也是在曬書呀。」

庸醫問：「先生的書在哪裡呀？」

李時珍拍拍自己的肚皮，一本正經的說：「我的書都裝在肚子裡了。」

庸醫聽後，知道李時珍是在告誡自己不能因為有錢藏書而目空一切，慚愧得滿臉通紅且有所悔悟的說：「對，對，腹有詩書氣自華！腹有詩書氣自華！」

書籍不等於知識。評價一個人的學問大小，主要不在於他的書房裡藏有多少書，而在於他讀了多少書，能夠把其中的多少知識靈活的運用到實踐中。

清代的兩個書法家

　　在清代乾隆年間，有兩個書法家，一個極認真的模仿古人，講究每一筆每一劃都要酷似某某，如某一橫要像蘇東坡的，某一捺要像李太白的。自然，一旦練到了這一步，他便頗為得意。

　　另一個則正好相反，不僅苦苦的練，還要求每一筆每一劃都不同於古人，講究自然，直到練到了這一步，才覺得心裡頭踏實。

　　那麼，究竟誰比較高明呢？兩個人誰都不服誰。

　　有一天，第一個書法家嘲諷第二個書法家，說：「請問仁兄，您的字有哪一筆是古人的？」

　　後一個並不生氣，而是笑瞇瞇的反問了一句：「也請問仁兄一句，您的字，究竟哪一筆是您自己的？」

　　第一個聽了，頓時張口結舌。

從創造學的觀點看，第一個書法家毫無出息，除了沒完沒了的重複別人，實在是一無所有，可憐之極；第二個書法家則孜孜不倦的鑽研，造就自己獨特的個性，做到了「我就是我」！

要想成功，進行適當的學習和模仿是必要的，但必須走出自己的路來，不能老跟在別人屁股後面。這樣才能有所創造，有所成就。

買官後遇到的難題

　　東漢恆帝在位的時候，有個有錢人想謀個一官半職當當，一來是為了威風威風，二來也好借權力多弄些錢財。於是他狠了狠心，拿出一筆數目可觀的錢來打通關節，果然如願以償，得到了一個在太守衙門裡當屬官的職位。

　　他穿上官服，戴上官帽，趾高氣揚地走來走去，心裡非常得意。這個有錢人得意了沒幾天，就遇到難題了：有一篇奏事的呈文必須由他寫，然後交給太守審閱。他以前一直過著衣來伸手、飯來張口的懶漢生活，從沒想過要去學習，什麼都不會，這回要叫他寫呈文，可使他為難了。

　　這個人著急地在家裡踱來踱去，整天都吃不下飯、喝不下水，只是愁眉苦臉的歎氣。他妻子見他這樣，就給他出主意說：「鄰居張三念過幾年書，認識不少字，你去求他幫你寫一篇，

不就行了？」這人一拍腦袋：「對呀，我怎麼沒想到呢？」他急急忙忙的跑到張三家，央求張三說：「老兄啊，這回你可真要幫幫我呀！你也知道我沒認真讀過書，哪裡會寫什麼呈文，要是太守怪罪下來，那就不得了了！」

張三聽了搔搔後腦勺，想了想說：「不是我不幫你，我實在也不會寫這種文章。這樣吧，我聽說很多年前有個叫葛龔的人，他的奏事呈文寫得很好，你就去照他寫的抄一篇吧，用不著再傷腦筋了。」

這個人聽了大喜過望，趕緊回去把古書翻了一個遍，總算找到了葛龔寫的文章。他不管三七二十一，連一個字都不改，原封不動的照抄下來。到最後，他抄順了手，竟然忘了改呈奏者的名字，將「葛龔」二字也抄上了。

第二天，他把呈文交給太守，太守看了，氣得吹鬍子瞪眼睛，一句話也說不出來，馬上就把他給罷免了。

　　一個人如果不學無術、靠著依樣畫葫蘆硬套別人的東西來矇混過關，終究是會露出馬腳來的。

　　我們要吸取類似的教訓，平時刻苦學習，認真鑽研，遇事不要不懂裝懂，靠自己的真才實學辦事，才能夠獲得成功。

越國人學造車

　　越國沒有車，越國的人也一直都不懂得該如何造車。越人很希望學會造車的技術，好將車用在戰場上，增強自己國家的軍事力量。

　　有一次，一個越人到晉國去遊玩。野外空氣新鮮、風景美麗，他一路走一路看，不知不覺到了晉國和楚國交界的郊野。忽然，不遠處的一件東西將他的視線吸引過去。「咦，這不是一輛車嗎？」這個越人馬上聯想起在晉國見到過的車。

　　這東西確實是輛車，不過毀壞得很厲害，所以才被人棄置在這裡，這車的輻條已經腐朽，輪子毀壞，車軸也折斷了，車轅也毀了，上上下下沒有一處完好的地方。但這個越人對車本來看得就不真切，又一心想為沒有車的家鄉立一大功，便想辦法把破車運了回去。

　　回到越國，這個越人便到處誇耀：「去我家看車吧，我弄到一輛車，是一輛真正的車呢，可棒了，我好不容易才搞到的呢！」於是，到他家去看車的人絡繹不絕，大家都想一睹為快。幾乎每一個人都聽信了這個越人的炫耀之詞，紛紛議論著說：「原來車就是這個樣子的啊！」

　　「看上去怕不能用吧，是不是損壞過呢？」

　　「你不信先生的話嗎？車一定本來就是這個樣子的。」

　　「對，我看也是。」這樣，越人造起車來都模仿這個車的形狀。

　　後來，晉國和楚國的人見到越人造的車，都笑得直不起腰來，譏諷說：「越人實在太笨拙了，竟然將車都造成破車，哪裡能用呢？」可是越人根本不理會晉人和楚人的譏諷，還是我行我素，造出了一輛輛的破車。

　　終於有一天，戰爭爆發了，敵人大兵壓境，就要侵入越國領土了。越人一點也不驚慌，從容應戰，他們都覺得現在有車了，再沒什麼可怕的，越人駕著破車向敵軍衝過去，才衝了沒多遠，破車就全支解了，在地上滾得七零八落，越國士兵也紛紛從車上跌落下來。

　　敵軍趁亂殺將過來，把越人的陣形衝得亂七八糟。越人抵擋不住，死的死，逃的逃，投降的投降，兵敗如山倒。可是直到最後，他們仍不知道自己是敗在了車上。

　　一個人不僅要博采眾長，更要培養嚴謹求實的學習、創作精神和慎思慎取的能力。向別人學習的時候不能生吞活剝，刻板的模仿；而是一定要多動腦筋，善於甄別和選擇，去其糟粕，取其精華。

濫竽充數的南郭先生

　　古時候，齊國的國君齊宣王愛好音樂，尤其喜歡聽吹竽，手下有三百個善於吹竽的樂師。齊宣王喜歡熱鬧，愛擺排場，總想在人前顯示做國君的威嚴，所以每次聽吹竽的時候，總是叫這三百個人在一起合奏給他聽。

　　有個南郭先生聽說了齊宣王的這個癖好，覺得有機可乘，是個賺錢的好機會，就跑到齊宣王那裡去，吹噓自己說：「大王啊，我是個有名的樂師，聽過我吹竽的人沒有不被感動的，就是鳥獸聽了也會翩翩起舞，花草聽了也會合著節拍顫動，我願把我的絕技獻給大王。」

　　齊宣王聽得高興，不加考察，很痛快的收下了他，把他也編進那支三百人的吹竽隊中。

　　這以後，南郭先生就隨那三百人一塊兒合奏給齊宣王聽，

和大家一樣拿優厚的薪水和豐厚的賞賜，心裡得意極了。

其實，南郭先生撒了個彌天大謊，他壓根兒就不會吹竽。每逢演奏的時候，南郭先生就捧著竽混在隊伍中，人家搖晃身體他也搖晃身體，人家擺頭他也擺頭，臉上裝出一副動情忘我的樣子，看上去和別人一樣吹奏得挺投入，還真看不出什麼破綻來。

南郭先生就這樣靠著蒙騙混過了一天又一天，不勞而獲的白拿薪水。

可是好景不長，過了幾年，愛聽竽合奏的齊宣王死了，他的兒子齊王繼承了王位。齊王也愛聽吹竽，可是他和齊宣王不一樣，他認為三百人一起吹奏實在太吵，不如獨奏來得悠揚逍遙。

於是齊王發佈了一道命令，要這三百個人好好練習，做好準備，他將讓三百人輪流來一個個地吹竽給他欣賞。樂師們知道命令後都積極練習，想一展身手，只有那個濫竽充數的南郭先生急得像熱鍋上的螞蟻，惶惶不可終日。

他想來想去，覺得這次再也混不過去了，只好連夜收拾行李逃走了。

　　不學無術、沒有真才實學的人，靠矇混可能得勢一時，但是終難長久。我們要想在社會上立足，就必須練就一身過人的真本領，承受得住各式各樣的考驗。

學駕車技術的造父

　　造父是古代的駕車能手，他在剛開始向泰豆氏學習駕車時，對老師十分謙恭有禮貌。可是三年過去了，泰豆氏卻連什麼技術也沒教給他，造父仍然執弟子禮，絲毫不怠。這時，泰豆氏才對造父說：「古詩中說過：擅長造弓的巧匠，一定要先學會編織簸箕；擅長冶金煉鐵的能人，一定要先學會縫接皮襖。你要學駕車的技術，首先要跟我學快步走。如果你走路能像我這樣快了，你才可以手執六根韁繩，駕馭六匹馬拉的大車。」

　　造父趕緊說：「我保證一切按老師的教導去做。」

　　泰豆氏在地上豎起了一根根的木樁，鋪成了一條窄窄的僅可立足的道路。老師首先踩在這些木樁上，來回疾走，快步如飛，從不失足跌下。造父照著老師的示範去刻苦練習，僅用了三天時間，就掌握了快步走的全部技巧要領。

　　泰豆氏檢查了造父的學習成績後，不禁讚歎道：「你是多麼機敏靈活啊，竟能這樣快地掌握快行的技巧！凡是想學習駕車的人都應當像你這樣。

　　從前你走路是得力於腳，同時受著心的支配；現在你要用這個原理去駕車，為了使六匹馬走得整齊劃一，就必須掌握好韁繩和嚼口，使馬走得緩急適度，互相配合，恰到好處。

　　你只有在內心真正領會和掌握了這個原理，同時透過調試適應了馬的脾性，才能做到在駕車時進退合乎標準，轉彎合乎規矩，即使跑很遠的路也尚有餘力。

　　真正掌握了駕車技術的人，應當是雙手熟練地握緊韁繩，全靠心的指揮，上路後既不用眼睛看，也不用鞭子趕；內心悠閒放鬆，身體端坐正直，六根韁繩不亂，二十四隻馬蹄落地不差分毫，進退旋轉樣樣合於節拍，如果駕車達到了這樣的境界，車道的寬窄只要能容下車輪和馬蹄也就夠了，無論道路險峻與平坦，對駕車人來說已經沒有什麼區別了。

　　這些，就是我的全部駕車技術，你可要好好地記住它！」

古人學習強調的是「厚積而薄發。」要學會一門高超的技術，必須練就好基本功，然後才能得心應手，運用自如。不論做什麼事，都不要急功近利，一定要先打好基礎。

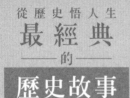

想學彈瑟技藝的齊國人

　　古時候，有一種樂器叫做瑟，發出的聲音非常悅耳動聽。趙國有很多人都精通彈瑟，使得別的國家的人羨慕不已。

　　有一個齊國人也非常欣賞趙國人，特別希望自己也能有這樣的好本領，於是就決心到趙國去拜師學彈瑟。

　　這個齊國人拜了一位趙國的彈瑟能手做師傅，開始跟他學習。可是這個齊國人沒學幾天就厭煩了，上課的時候經常開溜，不是找藉口遲到早退，就是偷偷琢磨自己的事情，不專心聽講，平時也總不願意好好練習。

　　學了一年多，這個齊國人仍彈不了成調的曲子，老師責備他，他自己也有點慌了，心裡想：我到趙國來學了這麼久的彈瑟，如果什麼都沒學到，就這樣回去哪裡有什麼臉面見人呢？想雖這樣想，但他還是不抓緊時間認真研習彈瑟的基本要領和

技巧，一天到晚都只想著投機取巧。

他注意到師傅每次彈瑟之前都要先調音，然後才能演奏出好聽的曲子。

於是，他琢磨開了：看來只要調好了音就能彈好瑟了。如果我把調音用的瑟弦上的那些小柱子在調好音後都用膠黏牢，固定起來，不就能一勞永逸了嗎？想到這裡，他不禁為自己的「聰明」而暗自得意。

於是，他請師傅為他調好了音，然後真的用膠把那些調好的小柱子都黏了起來，帶著瑟高高興興的回家了。

回家以後，他逢人就誇耀說：「我學成回來了，現在已經是彈瑟的高手了！」大家信以為真，紛紛請求他彈一首曲子來聽聽，這個齊國人欣然答應，可是他哪裡知道，他的瑟再也無法調音，是彈不出完整的曲子來的 —— 他在家鄉父老面前出了個大洋相。

　　要想掌握真正的本領，就必須腳踏實地，循序漸進。不能追求一勞永逸，也不能存有投機取巧的僥倖心理。否則，受害的只會是你自己。

師曠和晉平公論學習

　　晉平公作為一位國君，政績不平，學問也不錯。

　　在他七十歲的時候，他依然還希望多讀點書，多長點知識，總覺得自己所掌握的知識實在是太有限了。

　　可是七十歲的人再去學習，困難是很多的，晉平公對自己的想法總還是不自信，於是他去詢問他的一位賢明的臣子師曠。

　　師曠是一位雙目失明的老人，他博學多智，雖眼睛看不見，但心裡卻明白得很。

　　晉平公問師曠說：「你看，我已經七十歲了，年紀的確老了，可是我還很希望再讀些書，長些學問，但又總是沒有信心，總覺得是否太晚了呢？」

　　師曠回答說：「您說太晚了，那為什麼不把蠟燭點起來呢？」

晉平公不明白師曠在說什麼，便說：「我在跟你說正經話，你跟我瞎扯什麼？哪有做臣子的隨便戲弄國君的呢？」

師曠一聽，樂了，連忙說：「大王，您誤會了，我這個雙目失明的臣子，怎麼敢隨便戲弄大王呢？我也是在認真的跟您談學習的事呢！」

晉平公說：「此話怎麼講？」

師曠回答說：「我聽說，人在少年時代好學，就如同獲得了早晨溫暖的陽光一樣，那太陽越照越亮，時間也久長；人在壯年的時候好學，就好比獲得了中午明亮的陽光一樣，雖然中午的太陽已走了一半了，可它的力量很強、時間也還有許多；人到老年的時候好學，雖然已日暮，沒有了陽光，可他還可以借助蠟燭啊，蠟燭的光亮雖然不怎麼明亮，可是只要獲得了這點燭光，儘管有限，也總比在黑暗中摸索要好多了吧！」

晉平公恍然大悟，高興的說：「你說得太好了，的確如此！我有信心了。」

古人說：「活到老，學到老。」現代人則是提出了「終身學習」的理念，強調一個人「不一定終身受雇，但必須終身學習。」只有不斷學習，才能不斷的認識自己、認識自然、認識社會，進而更深切的體驗存在的價值與生活的意義，追求和享受更美好的人生。

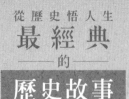

死牢裡談學問

　　漢宣帝下了一道詔書，要為漢武帝立廟堂。朝中文武大臣眾口一詞，齊聲贊同，夏侯勝卻據理反對，支持他的只有丞相長史黃霸一人。結果，二人雙雙被彈劾入獄，宣帝還要治他們死罪。

　　夏侯勝是位著名的學者，研究《尚書》的專家。好學的黃霸覺得，能和這樣一位博學多才的人朝夕相處真是難得，獄中無事，正是學習的大好時機。於是，他便請求夏侯勝：「請你給我講《尚書》好嗎？」

　　夏侯勝聽了，不禁苦笑道：「你和我一樣，都是犯下死罪的人，說不定明天就會被推出去砍掉腦袋，還有什麼心思談學問呢？再說，談了又有什麼用？」

　　黃霸誠懇地對夏侯勝說：「孔子說過，『朝聞道，夕死可

矣』，如果能在生前多學一些東西，那麼死的時候也會感到心滿意足，沒什麼遺憾的。千萬不要把寶貴的時間白白浪費過去啊！」

夏侯勝覺得黃霸說得很有道理，又被黃霸好學的精神所感動，便答應了黃霸的請求。於是，兩個人便把生死置於腦後，專心致志地研究起《尚書》來。黃霸學而不厭，刻苦鑽研，終於把深奧難懂的《尚書》理解透了。

夏侯勝在教學中溫故知新，又悟出許多新見解。三年以後，因事態變化，他們都被釋放出獄。這時，兩人的學問都大有長進了。

除了靈活應用，指導人生之外，在學習中還能得到莫大的快樂，在學習中的快樂是任何人間名利權勢所不可替代的。

學習就是提升智慧能力，智慧能力就是生命的本身，而這件事情是人人可為的，是隨時隨地可為的。

東周隱士和愛書成癖的王壽

　　春秋時候，有一個叫王壽的人，他愛書成癖，藏書豐富，遠近聞名。

　　古時的書，多是人工抄寫在竹片上，再以皮革聯結裝束起來的。他為了有抄書的材料，就在自家房前房後種滿了竹子，形成了一片竹林，並在門前的池塘裡種了許多蘆葦。他每天所有的時間除了吃飯睡覺外，都用來借書抄書看書。

　　家裡一院小房，除了他住的地方外，已經全部堆滿了書。他每年不但要花許多時間把它們都搬出去晾曬一遍，免得被蟲蛀蝕，還要翻檢看有沒有脫落的文字，及時補上。

　　四十多年來，王壽孤身一人過著這種自以為充實的生活，以苦為樂。

由於母親去世了，王壽要到東周奔喪。他隨身帶了五本書，準備途中抽空看看。

王壽已不年輕，五本竹簡也夠重，結果只走了一會兒就累得喘不過氣來，有些走不動了，他只好坐在路口休息，並隨手抽出一冊書來讀。

這時有個叫徐馮的東周隱士路過，見他背這麼多書，就問他：「敢問是王壽先生嗎？」王壽很奇怪就問；「你是誰？你怎麼認識我呢？」徐馮才告訴他自己叫徐馮。王壽也曾聽說過他。

王壽說了自己此行的目的，並說自己不惜負重，全為了在旅途中讀書充實自己。徐馮聽了歎口氣說：「無用。」

王壽聽得一愣，呆呆的望著徐馮，不知他說的是什麼意思。

徐馮拱了一揖，笑笑說：「書是記載言論和思想的。言論和思想又由於人的勤奮思考而產生，所以聰明的人評價標準並不是以藏書的多少來衡量的。我原認為你是聰明的人，為什麼不去思考問題，形成思想，卻要背著這累人的東西到處走呢？」

王壽聽了，如夢方醒，立刻三拜徐馮，當場燒了自己所帶的書，輕身入了東周。

　　「紙上得來終覺淺，絕知此事要躬行。」讀書不是目的，學習如何思考，掌握活的智慧，有效的指導自己的人生，才是真正的目的。

第二章

靈活變通，
思路決定出路

孫臏的妙計詆魏王

　　孫臏和龐涓都是鬼谷子的學生，龐涓貪圖富貴，提前下了山，到魏國做了大將。龐涓知道孫臏才能在自己之上，便設法把孫臏詆來，以圖控制。魏王見了孫臏，便想試試他的才能。

　　魏王坐定後，對文臣武將們說：「今天我坐在殿上，要看看大家誰有辦法讓我從殿上走下來。」

　　有個武將驚慌失措地跑到前面，口裡怪叫著：「蛇！蛇！大王背後有毒蛇，快跑！」魏王面不改色，捋捋鬍鬚道：「小詭小詐，豈能詆我？」這個武將只好無趣地退了下去。

　　有個文官出來煞有其事地稟報道：「大王，前院一棵枯樹忽然開了滿樹金花，光彩燦爛，請大王前往一觀！」魏王冷冷一笑，動也沒動。

　　這個文官也只得退了下來。

　　大臣們都想露一手，使盡渾身解數，什麼花招都想了，但魏王還是不為所動。這時龐涓出來奏道：「臣有一計，定能叫大王走下來，只是不敢實行。」

　　魏王道：「你先說來。」

　　龐涓說：「我去殿後放把火，大王定然走下來。」

　　魏王聽了，微微一笑：「火攻？好計！」隨即又把臉一沉：「太放肆了！」

　　龐涓囁囁喏喏地趕緊閃開了。

　　魏王看了一眼一直不動聲色的孫臏，說道：「聽說你是鬼谷子先生的高徒，想來定有妙計？」

　　孫臏走到前邊說道：「大王今天已經打定主意不下來了，就是神仙也無計可施啊！」

　　魏王聽出話裡的恭維，不禁喜上眉梢。

　　孫臏接著又說：「不過，換個位置可就不一樣了。要是您站在殿下，我倒有辦法讓大王自己走上去。」

　　魏王擺擺手：「那還不是一樣。不過，你既然說了，我倒要看看你有什麼辦法讓我自己上去。」

　　說完，魏王離座來到殿下站定，說道：「你用什麼辦法讓

我走上去，說吧！」

孫臏說道：「大王，我已經讓您自己走下來了。」

魏王這才恍然大悟，哈哈大笑，連誇孫臏高才。

在故事中，孫臏之所以獲得了成功，就是因為他善於利用逆向思維。人的思維方式從大的方面講有兩種，一種是順向思維，也可以解釋為傳統思維；一種是逆向思維。

在一般情況下，人們都是順向思維。但是，在某些特殊的情況下，運用傳統的思維方式就可能會遇到障礙，難於解決問題，這時候，就要考慮換一個角度，反過來思考一下。

孫臏和田忌賽馬

　　齊國的將軍田忌經常與齊威王賽馬。他們賽馬的規矩是：雙方各下賭注，比賽共計三局，兩勝以上為贏家。然而每次比賽，田忌總是輸家。

　　這一天，田忌賽馬又輸給了齊威王。回家後，田忌把賽馬的事告訴了自己的高參孫臏。這孫臏是軍事家孫武的後代，飽讀兵書，深諳兵法，足智多謀，被龐涓謀害殘了雙腿。來到齊國後，很受田忌器重，被田忌尊為上賓。

　　孫臏聽了田忌談他賽馬總是失利的情況後，說：「下次賽馬你讓我前去觀戰。」田忌非常高興。

　　又一次賽馬開始了。孫臏坐在賽馬場邊上，很有興趣的看田忌與齊威王賽馬。

　　第一局，齊威王牽出自己的上馬，田忌也牽出了自己的上

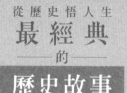

馬，結果跑下來，田忌的馬稍遜一籌。

　　第二局，齊威王牽出了中馬，田忌也以自己的中馬與之相對。第二局跑完，田忌的中馬也慢了幾步而落後。

　　第三局，兩邊都以下馬參賽，田忌的下馬又未能跑贏齊威王的馬。

　　看完比賽回到家裡，孫臏對田忌說：「我看你們雙方的馬，若以上、中、下三等對等的比賽，你的馬都相應的差一點，但懸殊並不太大。下次賽馬你按我的意見辦，我保證你必勝無疑，你只管多下賭注就是了。」

　　這一天到了，田忌與齊威王的賽馬又開始了。第一局，齊威王先出那頭健步如飛的上馬，孫臏卻讓田忌出下馬，一局比完，自然是田忌的馬落在後面。

　　可是到第二局形勢就變了，齊威王出以中馬，田忌這邊對以上馬，結果田忌的馬跑在前面，贏了第二局。最後，齊威王剩下了最後一匹下馬，當然被田忌的中馬甩在了後面。這一次，田忌以兩勝一負而取得賽馬勝利。

　　由於田忌按孫臏的吩咐下了很大的賭注，一次就把以前輸給齊威王的都賺回來了不說，還略有盈餘。

　　田忌以前賽馬的辦法總是一味硬拚，希望一局也不要輸，結果因自己整體實力差那麼一點，總是賽輸了。孫臏則巧妙運用自己的優勢，先讓掉一局，然後保存實力去確保後兩局的勝利，這樣便維持整體的勝利。

　　「知識就是力量，智慧就是財富。」打架不一定弱的輸，賽跑不一定快的贏。關鍵在於你能不能夠充分利用自己的特長，以己之長，攻人之短。

明修棧道、暗度陳倉的劉邦

　　公元前二〇七年，秦朝發生起義。兩個對立的起義軍首領互相爭鬥，意在控制秦朝的戰略要地關中。劉邦早已征服了關中。但另一位更強大的起義軍首領項羽，也對這片土地虎視眈眈。因為項羽的兵馬強於劉邦，劉邦被迫割讓關中。

　　雖然劉邦有條件的投降了，但項羽對劉邦的野心仍不放心。他想讓劉邦離關中越遠越好。他把王土分成十八份，讓劉邦去最遠的西端為王。

　　為進一步隔絕劉邦的潛在威脅，他把首府與劉邦之間的封地劃成三塊，指定三名將軍分管每塊封地。其中一塊封地叫陳倉。

　　劉邦本來就對放棄最初征服的王土心懷不滿，此刻更對被

貶至荒蕪之地怒火中燒。當他率軍撤離關中首府時，一位謀士建議，他們應該毀掉連接西部新家與首府之間的木道。這會讓項羽放心，認為劉邦不再返師東進，尋求復仇。劉邦認可了。於是，劉邦的士兵拆毀了他們走過的路和橋。

一旦到達新領地，劉邦命令將軍們重建軍隊。當軍隊強大到足以打敗項羽時，劉邦召集了將軍們。他們討論了如何最好的進行東征，奪回王土。

途中面臨兩個障礙。第一，三位將軍統治的封地，包圍著他們的新領地，橫亙在他們和首府之間。第二，通往項羽那裡的木道已成廢墟。劉邦和他的將軍們足智多謀。他們設計了一個聰明的計謀克服障礙，並從中汲取力量。

劉邦命令一個小分隊去重修木棧道。它對劉邦的對手產生兩方面的衝擊。首先，它使他們放鬆警惕。劉邦的人手太少，要幾年才能修復棧道，至少對手這麼想。其次，他的計劃把對手的注意力吸引到「明顯的」道上來。項羽和陳倉的將軍們都認為，即使劉邦修復棧道，他們也只需集中兵力封鎖狹隘口，便能輕易阻止他的進攻。

劉邦壓根就沒想過用棧道。他的這個項目僅僅是顆煙幕

彈。他計劃走另外一條非正規道路襲擊項羽。

　　當對手還在盯住棧道時，劉邦命令部隊攻擊鄰國陳倉。他令陳倉的將軍大吃一驚的同時攻克了這塊封地。這一舉動讓對手猝不及防，鞏固了劉邦的權力。它為決戰奠定了基礎，隨後劉邦不斷擴充勢力，打敗橫在他和關中首府之間的各國，直到擊潰項羽。劉邦最終收復關中，重新指揮起義，統一了中國，成為漢朝的始祖。

　　劉邦大膽思維，巧妙設計，把對手的注意力，吸引到明顯的、正規的路上。他利用了對手的注意力轉移，選擇非正規道路的謀略，令對手吃驚，取得勝利。

　　真正的成功屬於那些謀略超群的人。這世間許多「非常的成功」，是以「非常的手段」達成的，在實現自己目標的過程中，我們既要知道努力，也要知道思考，運用適當的謀略，尋找達成某種目的最佳途徑。

諸葛亮草船借箭

　　諸葛亮在推動孫劉聯盟的建立和運籌對曹軍作戰的方略中，所表現出的遠見卓識和超人才智，使得器量狹小的周瑜妒火中燒。為解除諸葛亮對他的威脅，周瑜欲設下置諸葛亮於死地的圈套。

　　周瑜的如意算盤是：一方面以對曹軍作戰急需為名，委託諸葛亮在十日之內督造十萬枝箭；一方面吩咐工匠故意怠工拖延，並在物料方面給諸葛亮出難題，設置障礙，使諸葛亮不能按期交差。然後周瑜再名正言順的除掉諸葛亮。

　　圈套設置好的第二天，周瑜就集眾將於帳下，並請諸葛亮一起議事。當周瑜提出讓諸葛亮在十日之內趕製十萬枝箭的要求時，諸葛亮卻出人意料的說：「曹軍即日將至，若候十日，必誤大事。」他表示，只需三天的時間，就可以辦完覆命。

　　周瑜一聽大喜，當即與諸葛亮立下了軍令狀。在周瑜看來，諸葛亮無論如何也不可能在三天之內造出十萬枝箭，因此，諸葛亮必死無疑。

　　諸葛亮告辭以後，周瑜就讓魯肅到諸葛亮處查看動靜，打探虛實。

　　諸葛亮一見魯肅就說：「三日之內如何能造出十萬枝箭？還望子敬救我！」忠厚善良的魯肅回答說：「你自取其禍，教我如何救你？」

　　諸葛亮說：「只望你借給我二十艘船，每船配置三十名軍卒，船隻全用青布為幔，各束草把千餘個，分別樹在船的兩舷。這一切，我自有妙用，到第三日，包管會有十萬枝箭。但有一條，你千萬不能讓周瑜知道。如果他知道了，必定從中作梗，我的計劃就很難實現了。」

　　魯肅雖然答應了諸葛亮的請求，但並不明白諸葛亮的意思。他見到周瑜後，不談借船之事，只說諸葛亮並沒有準備造箭用的竹、翎毛、膠漆等物品。周瑜聽罷也大惑不解。

　　諸葛亮向魯肅借得船隻、兵卒以後，按計劃準備妥當。

　　可是一連兩天諸葛亮卻毫無動靜，直到第三天夜裡四更時

分，他才祕密的將魯肅請到船上，並告訴魯肅要去取箭。

　　魯肅不解的問：「到何處去取？」

　　諸葛亮回答道：「子敬不用問，前去便知。」

　　魯肅被弄得莫名其妙，只好陪著諸葛亮去看個究竟。

　　當夜，浩浩江面霧氣霏霏，漆黑一片。諸葛亮遂命用長索將二十艘船連在一起，起錨向北岸曹軍大營進發。時至五更，船隊已接近曹操的水寨。這時，諸葛亮又教士卒將船隻頭西尾東一字擺開，橫於曹軍寨前。然後，他又命令士卒擂鼓吶喊，故意製造了一種擊鼓進兵的聲勢。

　　魯肅見狀，大驚失色，諸葛亮卻心底坦然的告訴他說：「我料定，在這濃霧低垂的夜裡，曹操決不敢貿然出戰。你我盡可放心的飲酒取樂，等到大霧散盡，我們便回。」

　　曹操聞報後，果然擔心重霧迷江，遭到埋伏，不肯輕易出戰。他急調旱寨的弓弩手六千人趕到江邊，會同水軍射手，共約一萬餘人，一齊向江中亂射，企圖以此阻止擊鼓叫陣的「孫劉聯軍」。一時間，箭如飛蝗，紛紛射在江心船上的草把和布幔之上。

　　過了一段時間後，諸葛亮又從容的命令船隊調轉方向，頭

東尾西，靠近水寨受箭，並讓士卒加勁的擂鼓吶喊。等到日出霧散之時，船上的草把上都密密麻麻的排滿了箭枝。此時，諸葛亮才下令船隊調頭返回。

他還命令所有士卒一齊高聲大喊：「謝謝曹丞相賜箭！」

當曹操得知實情時，諸葛亮的取箭船隊已經離去二十餘里，曹軍追之不及，曹操為此懊悔不已。

船隊返營後，共得箭十餘萬枝，為時不過三天。魯肅目睹其事，極稱諸葛亮為「神人」。

俗話說：「辦法總比困難多。」面對在常人看來幾乎無法完成的任務，諸葛亮能夠另闢蹊徑，想出了「借助」敵人的力量和資源的辦法，其手段實在令人歎服，難怪把聰明的周瑜氣得眼睛都紅了。

如果沒有這麼靈活的思維和聰明的謀略，諸葛亮的名字就不會世代被人們所傳誦了。

弱示之強的名將李廣

　　西漢名將李廣有一次與匈奴騎兵遭遇，見匈奴有數以千計的騎兵。而匈奴發現李廣後，以為是引他們出擊的誘餌，都感到很恐懼，紛紛撤回山上擺開陣勢。

　　李廣帶領的一些騎兵見到這種形勢很害怕，想要縱馬逃走。

　　李廣說：「我們距離大部隊還有幾十里地，如果現在這樣逃跑的話，匈奴很容易追上來把我們全部射殺。現在我們停留不動，匈奴一定會以為我們是我方軍隊派來引誘他們的，所以一定不敢來攻擊我們。」於是李廣命令部隊前進，一直來到距離匈奴的營帳不足二里的地方才停下來。接著又命令部下全都下馬，並把馬鞍解下。

　　手下的騎士說：「匈奴人數眾多，距離我們又如此接近，

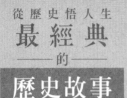
如果有什麼緊急情況該怎麼辦呢？」

李廣說：「匈奴們以為我們會逃走，如今我們解下馬鞍向他們表示我們沒有逃走之意，以此來使他們堅信我們是大部隊派出的誘餌。」這樣一來，匈奴的軍隊果然不敢向他們進攻。

後來，匈奴軍中有個騎白馬的將領出來巡視監護他的軍隊，李廣飛身上馬，率領手下十幾個人衝上前去射死了此人，然後從容歸隊，取下馬鞭，還命令部下全部解開馬匹，躺倒休息。這時已到了黃昏時分，匈奴兵感到十分詫異，更加不敢出擊。等到半夜，匈奴兵又疑心漢軍軍隊埋伏在附近，會趁著夜色偷襲他們，便悄然退兵離去了。

李廣正是憑借自己過人的膽識，才得以在敵眾我寡的不利局面之下，揣摩清楚了對方的心理。不僅保全了自己的性命，還嚇退了數十倍於己方力量的匈奴軍隊。

「飛將軍」的威名震懾邊陲幾十年，這和他的魄力與膽量有著極大的關係，絕非偶然。

雖然有許多理論教導我們，如何拓展思路，但在實際應用中，並無固定的模式可循，實際上如果死板的循規蹈矩，就談不上思想的「開拓」。但從那些成功的具開拓型特點的成功者的經驗中，我們可以借鑑許多。李廣「弱示之強」的謀略就非常值得讚賞。

波爾格德低價投標

　　波爾格德是石油企業家的兒子。一九一四年九月剛從英國回到美國，便決心從事石油開採業。

　　一九一五年十月，美國俄克拉荷馬州有一個石油礦井招標，參加投標的企業家很多。有不少投標者實力雄厚、財大氣粗，競爭異常激烈。

　　波爾格德此時才成立的公司資金不足，不是那些大企業家的對手。怎麼辦呢？經過苦思苦想，波爾格德想到了一個點子高招——空城妙計。

　　投標那天，波爾格德租了一身十分華貴的衣服，約了一位他所熟悉的著名銀行家，與他一道前往投標會場。

　　到了會場，波爾格德顯得氣度不凡，胸有成竹，加上身旁有著名的銀行家陪伴，致使在場的企業家的目光都集中到了他

的身上。

　　那些躍躍欲試，準備在投標中一決勝負的投標者，心裡不免忐忑不安。想到波爾格德是石油富商的兒子，現在又有大銀行家作「參謀」當「後盾」，感到自己決非波爾格德的對手。

　　於是，投標會場發生了戲劇性的變化，企業家們竟三三兩兩的相繼離開了。留下的也不敢競價。

　　結果，波爾格德以五百美元的低價就輕而易舉的得標了。他這套把戲居然成功了。四個月後，即一九一六年二月，波爾格中標的那個油礦打出了優質石油。他馬上以四萬美元的價格將油礦售出，很快便獲得了三萬多美元的純利。

　　波爾格德一處又一處地投資開採石油，不斷成立新的石油公司。到了一九一七年六月，二十三歲的波爾格德已成為擁有四十家石油公司的富翁。

　　人們常說「時間就是金錢」，其實「點子」也是金錢。點子是人們解決問題時想出來的辦法，傑出的點子就是最好的創意，是獲得事業成功的可靠保障。

要求陞官加薪的東方朔

　　東方朔是漢朝最著名的滑稽大師，也是一個有名氣的文人。他很受漢武帝的寵愛。

　　東方朔就職郎中後，認為待遇太低，而且久不陞遷，又無機緣接近皇帝，什麼好處都撈不到，心中不免煩悶。

　　有一天，他正快快不樂，忽見前面來了一群侏儒，於是心生一計，走向那些侏儒，故作驚訝的說：「我告訴你們一個機密，大事不好了！最近朝廷要節省開支，說你們這些矮子無用，只能供人遊戲，不能生產，白白耗費糧食，要讓你們統統死去！」

　　侏儒們聽了，嚇得個個面面相覷，無計可施，一起請東方朔設法救命。於是他又偽裝慈悲，向他們說：「你們只有趕快去懇求皇上，或許可以獲得恩典，倖免一死！」

　　這時正好漢武帝剛好經過這兒，於是侏儒們一齊跪到聖駕

前，放聲大哭，哀求饒命。武帝莫名其妙，細問之下，大怒，立傳東方朔見駕，罵道：「你為何造謠？」

東方朔跪奏：「臣罪該萬死！但有下情啟奏皇上：侏儒身長三尺，俸米一袋，錢二百四十，臣身長九尺三寸，待遇竟然一樣。如此，侏儒豈不吃得撐死，而臣豈不將餓死嗎？陛下如不補救，調整臣的俸祿，提高生活待遇，臣實在無法生活。」

漢武帝聽了哈哈大笑，即令東方朔待詔金馬門，管理宮廷宦官，從此陞官加薪，側身大夫行列了。東方朔造謠而加薪，終於達到了自己的目的。

人們常說：天才和愚蠢僅一步之差。這一步之別的主要原因，與其說智力不同，倒不如說是思維方式不同，以正確的方法進行思考，即使智力平平，也可以順利達成自己的目的。

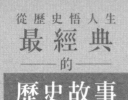

蘇代巧言勸說公仲侈

　　楚國攻打韓國雍氏，韓國向西周求兵求糧，周王為此憂慮，就與大臣蘇代共商對策。

　　蘇代說：「君王何必為這件事煩惱呢？臣不但可以使韓國不向西周求糧，而且可以為君王得到韓國的高都。」

　　周王聽後大為高興，說：「你如果能做到，那麼以後寡人的國家都將聽從賢卿你的調遣和管理。」

　　蘇代於是前往韓國拜見相國公仲侈，對他說道：「難道您不瞭解楚國的計策嗎？楚將昭應當初曾對楚王說：『韓國常年疲於兵禍，因而糧庫空虛，毫無力量守住城池。我要乘韓國饑荒，率兵奪取韓國的雍氏，不到一個月，就可以攻下城池。』如今楚國包圍雍氏已經五個月了，還不能攻克，這暴露了楚軍的處境困窘，楚王已經開始準備放棄昭應的計策和進攻了。現

在您竟然向西周徵兵徵糧，這明明是告訴楚國韓國已經精疲力竭。如果昭應知道以後，一定勸說楚王增兵包圍雍氏，屆時雍氏必然被攻陷。」

蘇代見公仲侈不說話，接著說：「您為什麼不把高都之地送給西周呢？」

公仲侈聽後頗為憤怒，很生氣的說：「我停止向西周徵兵徵糧，這已經很對得起西周了，為什麼還要送給西周高都呢？」

蘇代說：「假如您能把高都送給西周，那麼西周會再次跟韓國修好。秦國知道以後，必然大為震怒，不僅會焚燬西周的符節，而且還會斷絕使臣的來往。西周斷了與其它國家的聯盟，而單單與韓國和好，這樣一來，閣下等於是用一個破爛的高都，換取一個完整的西周，閣下為什麼不願意呢？」

公仲侈說：「好吧！」

於是公仲侈就果斷的決定不向周徵兵徵糧，並把高都送給了西周。楚軍當然無法攻下雍氏，只好快快離去。

　　審時度勢、撥開掩蓋在事物之上的遮蔽之物，洞察事物表象背後的真理和本質，才能認清事理，把握事物發展的規律和未來發展的方向，才能具有比常人高明一籌的預見性與判斷力。

拿破侖的戰術

　　一七九八年五月，拿破侖出征埃及。他擔心在地中海會遭到英國艦隊的截擊，便採用各種手段到處散佈假情報，說法國地中海艦隊將進入大西洋，在愛爾蘭登陸。因為兩年前確實有一支法國軍隊企圖開赴愛爾蘭，曾使英國受到一次虛驚。英國海軍指揮官納爾遜害怕拿破侖這一次是真的進攻英國本土，便把艦隊調集在直布羅陀海峽，準備截擊從這裡通過的法軍。

　　拿破侖看到英國已上了假情報的當，便乘機從土倫軍港出發，開赴埃及，並順利地在埃及登陸。拿破侖「聲東擊西」的詭計終於得逞。

　　一八〇五年，在法軍與俄奧聯軍之間進行的奧斯特利茲戰役中，當法軍經過一系列的謀劃形成決戰態勢之後，拿破侖一面在與俄奧聯軍指揮官進行談判時，故意將法軍已制訂的作戰

計劃全部暴露給對方，一面派出人員在陣地上大聲宣讀進攻聯軍的命令。

在兩軍對陣的戰場上，誰能相信那高聲宣讀的命令是真的呢？拿破崙這種大膽地洩漏「天機」的辦法，卻有效的掩蓋了「天機」，使聯軍錯誤的判斷了法軍的進攻佈署和企圖。

俄奧聯軍指揮官當時認為，拿破崙是在玩聲東擊西的把戲，把他們當成小孩子，想讓他們上當，要不然，怎麼可能把作戰計劃全盤端出，讓對方知道呢？於是，命令聯軍從已佔據的高地撤出，以防中拿破崙的計。

然而其結果卻恰恰相反，拿破崙有意暴露作戰意圖，是要使對方形成他「聲東擊西」的錯覺，視真為假，以達到欺騙對方的目的。拿破崙按照暴露給對方的作戰計劃，使俄奧聯軍遭到了伏擊。

在戰爭中，為了取得勝利，最重要的是知己知彼。依靠「聲東擊西」和「聲東擊東」的計劃迷惑了對方，你勝算的機會就比較大了。

在生活中也是一樣，思路靈活的人，在遇到困難或障礙的時候，勝算的機會也會比較大。

狄多公主圈土地

　　在古代非洲北部、靠近地中海的地方，有一個強大的國家，這就是迦太基。

　　迦太基的前身是位於地中海的名叫腓尼基的國家。迦太基的創始者是腓尼基國的公主狄多。

　　狄多非常美麗，父母把她視為掌上明珠。但是，他們違背了她的意思，硬要她嫁給一個她並不愛的人，而她心中另有所屬。為了追求真正的愛情，狄多帶了細軟和一些隨從，離開了故土，逃向遠方。經過輾轉奔波，一行人渡過地中海，來到了富饒的北非。

　　她決定定居下來，就與當地的酋長談判，向他購買一塊土地。酋長只肯出售一塊公牛皮能夠圍住的土地，而狄多答應了。

　　一張公牛皮能覆蓋多少土地？公主讓人把公牛皮切成一條

一條的細繩，再把它們連接起來，連接成了一根很長的繩子。她在海邊把繩子彎成一個半圓，一邊以海為界，圈出了一塊相當大的面積的土地。

狄多公主巧妙的解決了一個極大值的問題。首先，公牛的牛皮面積是一定的，用牛皮圈地，把牛皮剪成細繩加以圍地，就能圈出比用牛皮覆蓋出的面積多了許多的土地。

第二，以海邊為界，這就節省了一圈牛皮，使省下的牛皮可以圈出更多的土地。第三，狄多圈出的形狀是一個半圓。在各種形狀中，周長一定的情況下，圓有最大的面積。因為依海，省下了海岸線，因此圈成半圓，其面積是最大的。

酋長見狄多公主圈走了他很大的一片國土，很是心疼；但他是個講信用的人，只能由狄多公主去圈地。

狄多公主在這塊土地上苦心經營，日益興旺發達，後來這個地方發展成為海上重鎮迦太基。

　　一個善於動腦、思路靈活的人，總是能夠充分利用有限的資源，使其發揮最大的功效，以最大限度為自我發展提供最為廣闊的空間。

善於鼓舞士氣的將軍狄青

北宋年間，朝廷派遣能征慣戰的將軍狄青領兵南征。當時朝廷中主和、妥協派勢力頗強，而有些將領怯戰，有的甚至散播謠言，說什麼「夢見神人指示，宋兵南征必敗」。

軍中不少有迷信思想的官兵盡皆惶然，篤信此次南征「凶多吉少，難操勝券」，一時軍心渙散。狄青一再訓示說：我軍乃正義之師，戰必勝，攻必克。無奈官兵迷信思想極重，收效甚微。

為此，狄青和幾員心腹大將十分憂慮。大軍途經桂林，適逢大雨滂沱，一連數天，烏雲蔽日，無法行軍。此時軍中謠言更甚，均謂出師不利，天降凶雨，旨在回師……

這天黃昏，狄青帶領幾員偏將冒雨巡視，路經一座古廟，見冒雨進香占卜者不少，便進廟詢問。廟中和尚說，皆因此廟

神佛靈驗，有求必應，故終年拜佛占卜者絡繹不絕。

狄青聽罷，心中頓生妙計。次日清晨，他全身披掛，領將士入廟拜佛，虔誠的供香跪拜後，便對將士們說：「本帥當眾占卜一卦，欲知南征凶吉。」

說完，他請廟祝捧出百枚銅錢，說明一面塗紅，一面塗黑，然後當眾合掌祈禱：「狄青此次出兵南征，如能大獲全勝，百枚銅錢當紅面向上！」

只見他將銅錢一擲，落地有聲，果然盡皆紅色。將士們驚訝萬分，興高采烈，奔走相告，一時士氣大振。

狄青當即下令不准再動銅錢，以免冒犯神靈，同時令心腹將士取來百枚長釘，把銅錢牢釘在地，然後對全軍說道：「此戰必勝，乃上天助我！待班師之日，再謝神取錢吧！」

第二天雨過天晴，宋軍士氣高昂，直壓邊境。兩軍對陣，宋軍將士無不奮勇當先，所向披靡，直把安南入侵者殺得丟盔棄甲，潰不成軍，乖乖的立下降書，自稱永不敢再犯大宋邊境。

宋軍班師回朝，狄青高興的帶領一班將校到古廟謝神還願，拔釘取錢時，一位偏將忽然驚呼：「奇怪，奇怪！這百枚銅錢怎麼兩面皆是紅色？！」

狄青哈哈大笑道：「此舉絕非神靈，乃是本將軍借神佛之靈，鼓舞士氣也！」

此時大家才恍然大悟，原來狄將軍私下和幾位心腹將士暗將銅錢兩面都塗成紅色，故弄玄虛，利用將士們的迷信心理，化厭戰情緒為勇戰情緒，一鼓作氣，戰勝侵略軍。

《圍爐夜話》中指出：「為人循矩度，而不見精神，則登場之傀儡也；做事守章程，而不知權變，則依樣之葫蘆也。」精通謀略的人總是能夠積極動腦，及時「製造出」急需的東西，以解燃眉之急。

成吉思汗的賽馬計

　　公元一一七四年某日，晴空萬里。遼闊美麗的蒙古草原上，正在進行著一場特殊的賽馬。

　　比賽開始後，十幾匹賽馬剛離開起跑線，便磨磨蹭蹭的向前移動，有的甚至在原地踏步。剽悍的騎士們身體後傾，拚命將馬韁繩向後攬，誰也不希望自己的馬超過別人。這究竟是怎麼回事呢？

　　原來，成吉思汗的父親統治的孛兒只斤部落打了一個勝仗，奪回了大片領地和許多牲口。為了慶祝勝利，特別安排了一場賽馬，但優勝者的標準與往常不同——最後到終點的馬才能得獎，以致出現了開頭賽馬的情景。

　　騎士們「爭後恐先」，過了好一陣，賽馬跑得遠的只行進了十分之一的路程，近的馬尾巴還在起跑線上，滑稽的是，由

於這個騎士把韁繩攬得死死的，竟把賽馬的後半個身子又退到起跑線外。

眼看夕陽不等人，馬賽又難以結束，大家都有點耐不住了。成吉思汗的父親也後悔自己不該別出心裁以這種方式賽馬，但話已出口，金口難改。

怎樣盡快結束這場僵局呢？成吉思汗的父親略一思忖，便令人傳下諭旨：「誰有辦法盡快結束比賽，給予重賞。但是，不能改變原定的優勝條件，跑得慢的還是獲勝。」

眾人絞盡腦汁，仍想不出一個萬全之策。這時年僅十二歲的成吉思汗跑到那些原地徘徊的賽馬前，對每一個騎士說如此，道這般，進行了一番新的安排，然後厲聲發出號令：「跑！」只見騎士們一改剛才的拖沓狀況，爭先恐後的縱馬向終點跑去，那個原來半個馬身在起跑線外的騎士還第一個衝到了終點。比賽在瞬息之間結束了，但跑得最慢的馬依然得了優勝。

原來，成吉思汗對賽馬作了重新安排，只是讓騎手們相互調換賽馬。因為賽馬的勝負只以馬計，不是以騎手計，甲騎乙的馬，乙騎丙的馬，丙騎丁的馬……這樣一來，每個騎手都希望自己駕馭的別人的馬跑得最快，不能獲得獎，使自己的馬落

在最後，進而取勝，這就打破了眾騎士躑躅不前的僵局了！

　　一個思路靈活的人，在遇到困難的時候，總是會運用多種思維方式，採取非常靈活的措施，以簡便而迅速的扭轉不利局面，迅速達成各種目的。

岡比賽斯攻城

　　岡比賽斯是公元前六世紀一位有威望的波斯國王。為了擴張領土，他決定入侵埃及，佔領那個富有的國家。

　　進入埃及後，首先遇到孟菲斯，一座非常富有的城市。儘管岡比賽斯用盡了軍事戰略上的各種辦法進行圍攻，這座城市絲毫也沒受到一點影響。這樣圍攻了幾個月，岡比賽斯的軍隊變得越來越焦躁不安，而它的對手在經過最初的驚嚇後，正著手在埃及的其他地方集結軍隊。

　　岡比賽斯意識到，對於孟菲斯這樣一個食物儲備甚豐的城市，要想在預期時間內攻下它大概是不可能了。於是，他開始撤退，同時開始運用他作為一個國王，所真正具有的天賦逆向思維能力進行思考。

　　從撤退的陰影中擺脫出來的岡比賽斯下了這樣一道命令：

軍隊全部出動，捕捉在周邊地區出沒的所有貓咪。莫名其妙的士兵開始追捕一切貓科動物，並把牠們成群成群的抓回來。

俯視著眼前喵喵叫的這群動物，岡比賽斯開始實施他宏偉計劃中的第二步：用弩炮將貓咪一籃一籃的發射到孟菲斯城裡去。天生不適於飛行，可憐的貓咪們一個個慘死在受困城市的馬路上、圍牆上。幾小時後，厚重的城門打開了，孟菲斯投降了。

第一次聽到這個令人難以置信的真實故事時，許多人都可能困惑許久。為什麼在這樣一場怪異的沒有一點殺傷性的進攻之後，全城的人會向他們不共戴天的仇敵投降呢？

答案很簡單：在孟菲斯，貓是被人們視為神物貢奉著的。傷害牠們無異於惹怒了神。為此，居民們寧可犧牲自己的尊嚴，向外來者俯首稱臣，也不願讓他們的神不高興。

正是這麼一點小小的醒悟，使岡比賽斯挽救了幾千名士兵的性命，而且還在幾個小時之內，輕而易舉的奪下了這幾個月都無法圍攻下來的城池。這就是逆向思維的魅力！

如果想問題的時候困在什麼地方了，千萬不要採用你自認為是最好的第一個主意。打破你的常規思維方式，出去小跑一圈，默想一下，一個新鮮靈活的點子會幫你解決一切難題。

153

年輕太子的智慧

　　霍爾莫贊是波斯帝國一位年輕的太子。在阿拉伯帝國的倭馬亞王朝遠征波斯時，霍爾莫贊在鏖戰中被俘。

　　軍士們把他押解到倭馬亞王面前，國王下令立即斬首。這時，太子霍爾莫贊請求說：「噢，主宰一切的陛下，我現在口渴難受，陛下當開懷大度，讓你的俘虜喝足了水，再處死也不遲啊！」

　　倭馬亞王點點頭，示意左右給太子端來一碗水。太子接過這碗水，剛送到嘴邊，竟不敢喝下去，他用驚恐的眼神環顧四周。

　　「你怎麼不喝呀？」一個阿拉伯士兵粗暴的呵斥他說。

　　「我曾有所耳聞，」太子抖抖索索的說，「你們這些人非常凶殘而不懂天理，所以我擔心，當我正品味這碗沁人心脾的

清水時，會有人舉刀殺死我！」

「放心吧，」倭馬亞王顯出寬宏大度的模樣說，「誰也不會動你的！」

「既然無人傷害我，」太子請求國王說，「陛下總該有個保證啊！」

「我以真主的名義發誓，」倭馬亞王莊重的說道，「在你沒喝下這碗水之前，沒有人敢傷害你。」

這時，太子霍爾莫贊毫不遲疑的將這碗水潑到地上。

「狂妄！將他推出斬首！」倭馬亞王厲聲喝道。

太子霍爾莫贊平心靜氣的問國王：「陛下，剛才您莊嚴的向真主發過誓，不是會保證我不受到傷害嗎？」

「我只是下保證，在你沒喝那碗水之前，誰也不會傷害你！」倭馬亞王解釋說。

「陛下所言極是，」

太子說道，「可是我並沒喝下這碗水，並且也喝不到這碗水了，因為它已滋潤了您的土地。此刻，陛下理當履行君王的誓言。」

倭馬亞王這時恍然大悟，只好釋放太子霍爾莫贊。

「智慧是改變一切困境最為可靠的力量。」一個處在危難之中的人，一旦有了靈活的思路，常常能夠充分的利用有限的條件，使自己絕處逢生。

匹克林和發現冥王星的機會

　　一九○五年，美國天文學家洛韋爾根據天王星、海王星的運動不能解釋的一些現象，預言除了海王星之外可能還存在一顆未知的大行星，並指出了這顆未知的行星所在的大概方位。

　　遺憾的是，洛韋爾耗費了大量心血，經過十多年的觀測，利用各種儀器對天空進行拍照搜索，直到去世仍未能找到他所預言的行星。

　　在洛韋爾之後，天文學家匹克林繼續做著洛韋爾的事業。他也拍攝了大量的天體照片，一做又是十幾年，還是無所發現。

　　美國業餘天文愛好者湯博，在一九三○年利用折射望遠鏡沿著整個黃道進行系統拍照，經過比較，發現照片上有一個光點的位置有了明顯的移動。他用望遠鏡直接跟蹤觀察，終於獲

得了天文學上的又一重大發現——人們期待已久的冥王星終於被找到了。

當湯博宣佈這一發現，指出冥王星的位置就在他拍攝的雙子星座的照片上，與洛韋爾所指出的位置只差五度時，匹克林猛然想起自己也曾拍攝過那個方位星空的照片。他找到那張照片，很容易的在自己的照片上找到了冥王星的亮點。

他回憶起來了：記得那天拍攝時鏡頭好像沒擦乾淨，照片上冥王星的位置正好有一點灰塵的影子。他當時沒有在意，錯將照片上的冥王星當成了鏡頭上那一點沒擦乾淨的灰塵。這導致匹克林最先拍攝的冥王星的照片靜靜地沉睡了十一年，他也因此失去了發現冥王星的機會。

當我們為洛韋爾和匹克林的辛勞深感敬佩和惋惜的時候，又不能不對湯博的敏銳深感敬佩和折服。

機會永遠給予這樣的人：他們的思路非常靈活，善於用自己的眼睛去觀察別人看過的東西，在別人司空見慣的東西上能夠發現出令人耳目一新的奇蹟。

蘇東坡反對迷信權威

　　北宋年間，蘇東坡有一次去拜訪濟南監鎮宋保國。宋保國將王安石寫的《華嚴經註解》拿出來展示。蘇東坡說：「華嚴經本來有八十一卷，現在卻只有一卷，這是怎麼回事呀？」宋保國說：「荊公（指王安石）註解的這一卷才是佛語，非常精妙，其他卷都是菩薩語！」

　　東坡見他這麼崇拜王安石，就說：「我從經書中，取出幾句佛語，夾雜在菩薩語中，再找出幾句菩薩語，夾雜到佛語中，你能分辨清楚嗎？」

　　宋保國說：「不能。」

　　東坡又說：「我以前曾住在岐下那個地方，聽說附近河陽縣的豬肉味道很好，就叫人去買。這人回來的路上喝醉了酒，豬夜間逃走了，於是他就另買了一頭普通的豬來頂替。客人們

嘗了這豬肉後，都讚不絕口，連說好吃，認為非一般的豬肉可比。後來，這件用假豬替代的事情敗露了，客人們知道後，都為自己當初的表態感到慚愧。今天荊公寫的假話就如同那頭假豬一樣，只是沒有敗露罷了。如果你用心去體會，就會發現牆壁瓦礫，都昭示著很精妙的佛法。至於說什麼佛語很精妙，不是菩薩語能比得上的，這難道不是夢話嗎？」

宋保國慚愧的說：「您說得有道理。」

虛心向別人求教，認真聽取專家的意見是必要的。但是，在做出決定的時候，要有懷疑的精神，用自己的頭腦思考和判斷，不要迷信權威。

張巡巧用稻草人

唐朝中葉，安祿山發動叛亂。叛軍一路上勢如破竹，這一天來到了雍丘。著名將領張巡率領雍丘軍民進行了積極的抵抗。

守衛戰持續了四十多天，城中的箭都已用完。張巡叫士兵們紮了一千多個稻草人，給稻草人穿上黑衣，繫上繩子。晚上，叫士兵提著繩子把稻草人從城牆上慢慢放下去。圍城的叛軍以為是唐軍偷越出城，一陣亂箭射去。等稻草人身上扎滿了箭，士兵們再把稻草人拉上城來。這樣反覆好多次，得到了十幾萬支箭。

後來祕密洩露出去，叛軍才知道張巡用了稻草人借箭的計策。

有一天夜裡，只見又有好多人從城上吊了下去。叛軍將士都哈哈大笑，嘲笑張巡愚蠢。有個將領說：「張巡還想用稻草

人來賺我們的箭呀，弟兄們，別上當啦！咱們不理它，讓他們自己等著吧！」

過了一陣子，有人報告城牆上的稻草人不見了。

那個將領說：「咱們不射箭，張巡一定是等得不耐煩，把稻草人收回去了。沒事啦，大家都睡覺去吧！」

夜深人靜的時候，突然跑出一支唐軍，直向叛軍兵營殺來。城裡唐軍也擂鼓吶喊，就要殺出城來。叛軍將士早已進入夢鄉，遭到這突然的襲擊，立刻大亂。叛軍將領從睡夢中驚醒，以為是唐朝的增援大軍殺來了，不敢抵抗，慌忙下令放火，把那些工事壁壘一齊燒燬，然後逃跑了。

原來這又是張巡用的計。這次吊下城來的不是稻草人，而是唐軍的敢死隊。敢死隊下城以後就找地方埋伏起來，等到深夜發動突然襲擊，城裡再呼應助威，好像增援大軍從天而降。

其實敢死隊一共才五百人。等叛軍驚慌逃跑，敢死隊和城裡的唐軍乘勝追殺十多里，取得大勝利，才收兵回城。

這就是利用人們習以為常的心理，先頻頻以假象示敵，進而使敵人麻痺，再找適當的機會動手，給敵人重重的一擊。

人一旦形成了習慣的思維定式，就會習慣的順著定勢的思維思考問題。我們一方面要意識到，「思維定式」是「懶人」的思維方法，要有意識的破除它；另一方面，我們還要充分利用別人可能產生的思維定式，靈活的解決生活中的難題。

視情況不同而靈活用兵

　　據歷史記載，公元前二〇四年，劉邦令愛將韓信領兵攻打魏、趙、齊等國。當韓信奇兵襲擊魏都成功後，劉邦因滎陽戰事緊迫調走了一部分精兵強將，所以韓信只能率領剩餘的幾萬兵力會同張耳進攻趙國。當時，趙軍號稱二十萬，因而雙方力量十分懸殊。

　　戰前趙軍中一位謀士李左車向主將陳余獻計，利用深溝高壘，只守不攻，拌住漢軍，然後由他率領三萬精兵，走小路阻截韓信的糧草輜重，最後與趙軍主力來個雙風貫耳、前後夾擊。但是，陳余是個非常自負的人，認為倚仗自己的兵力優勢就能擊敗韓信。因而放此良計不用，堅持要與漢軍在井徑口決戰。

　　老謀深算的韓信得知這一消息，萬分高興，馬上行動，先派少數兵力將趙軍引出營寨，再將主力背水列陣開來與之激戰。

與此同時，他又派精銳騎兵兩千人迂迴敵軍後，偷襲趙軍的「老巢」，最後大獲全勝。

三國時期，在曹操和劉備爭奪漢中時，徐晃也曾想借鑑和採用背水一戰的戰術。

徐晃、王平率領部下來到漢水。徐晃命令前軍渡水列陣。

王平說：「軍隊一旦渡了水，如果遇到了要急著撤退的情況，該怎麼辦呢？」徐晃說：「當年韓信背水為陣，所謂『致之死地而後生』也。」

王平說：「這樣未必行得通。當年韓信料到敵人無謀而用此計；現在將軍您能猜透趙雲、黃忠的想法嗎？」

徐晃說：「你可以帶領步軍抵擋一陣，我率領騎兵擊敗他們。」於是命令部下搭起浮橋，隨即過河來戰蜀兵。

徐晃背水列陣，從早晨開始挑戰，直到黃昏，蜀軍一直按兵不動。待到魏軍人疲馬乏，想向回撤時，黃忠、趙雲突然從兩面殺出，左右夾攻，將徐晃打得大敗，魏軍兵士紛紛被逼入漢水，死者無數。

徐晃借鑑古人成功經驗的做法遭到了失敗。

同是背水列陣，為什麼韓信能高奏凱歌，而徐晃則慘遭失

敗呢？其實，兩者所面臨的情況和客觀條件並不相同。

　　一是，韓信在敵方主將放棄良計的情況下，採用奇正互變之法，一方面背水列陣，同時又出奇招，即派奇兵襲擊趙營。而徐晃，只是依樣畫葫蘆的使用「背水列陣」之戰術，而不考慮當時的實際情況。

　　二是，對「置之死地而後生」觀點的理解及運用。韓信非常明白《孫子兵法‧九地篇》中「以患為利」的用兵策略，正如書中所說：「投之亡地然後存，陷之死地然後生。」所謂的「死地」、「亡地」，孫子是這樣解釋的：「疾戰則存、不疾戰則亡者」。從掌握時機的程度來說，韓信做得非常成功，因而使眾多的新兵老將都有決死鬥志。而徐晃呢？敵方明智的堅守而不出擊，部隊從日出戰到日落，兵疲氣衰，不但沒有達到預想的效果轉患為利，反而促成大禍。

　　徐晃的教訓是相當深刻的。此一時彼一時，在現代社會的工作和學習中，我們可以借鑑古人與今人一些好的做法和經驗，避免走冤枉路。但並不是說，我們就可以不論當時、當地的客觀條件，只是依樣畫葫蘆。那樣，再好的經驗及教訓，都難發揮應有的作用。

在這方面，東漢大將虞詡創造性的借鑑戰國時孫臏的「減灶」法，卻獲得了今人讚歎的成功。

東漢年間，羌軍進攻甘肅武都，虞詡奉命領三千人馬抗敵，行至餚谷與羌軍相遇。虞詡兵少勢卑，便下令停止前進，故意散佈消息說，朝廷援兵指日可到，等援兵到了再向武都前進，並以種種方法顯示駐守待援的姿態。這樣一來，倒真的把羌軍給瞞過了。他們放棄了對漢軍的堵截，分兵到各地撈掠財物。這時，虞詡乘機疾進。宿營時，令官兵每人做兩個炊灶，並逐日倍增。部屬對其反孫臏減灶之計而行之，十分擔心，虞詡就以「兵行詭道，自古皆然」的道理說服大家。

果然，羌軍得知漢軍突然西進，趕忙集中主力追趕，乃至發現漢軍炊灶遍野，連綿數里。炊灶日益增多，便以為漢軍援兵已到，於是不戰而退，虞詡的部隊勝利挺進到武都。

減灶與增灶的奧妙何在呢？田忌、孫臏重兵在握，卻故意示弱，用減灶的辦法誘敵上鉤，而後出奇制勝；虞詡自思兵力不足，卻以強致敵，用增灶的辦法嚇退了羌軍。在虞詡答覆部屬的詢問時解釋得十分正確。他說：「當年孫臏是示弱，我們現在是假裝強大，這是視情況不同而靈活用兵。」

　　減灶與增灶都成功，這說明了一個道理：用謀設計，必須基於戰場的客觀情況靈活用兵，不可拘泥於一格。刻舟求劍不知變，勢必喪師敗旅。在生活中，為了避免走冤枉路，贏得更多的機會，最可靠和最明智的方法，就是先觀察、學習（利用）別的行家們經過實踐證明是成功的經驗，然後，再獨立思考和擬訂自己的行動方案，努力奮鬥，達到自己的目的。

　　任何理論和原則都要考慮特定的條件，在借鑑別人經驗的時候，如果拘泥刻板，就容易失敗；只有領會了經驗的精髓，在借鑑的時候靈活變通，才能夠獲得成功。

房琯重演火牛陣

　　戰國時候，齊將田單以火牛陣大敗燕軍，成了一個經典的戰例。在唐朝時候，房琯想重演火牛陣，卻落得笑柄。

　　安史之亂後，唐太子李亨逃出長安，在靈武即位，稱肅宗。李亨在靈武經過一番努力後，聚集了一些人馬，準備反攻，收復長安。這時房琯便趁機獻策，毛遂自薦，要求統帥大軍收復京城。李亨真以為他是個文武全才，就委任他為兩京招討使。房琯隨即號令大軍兵分三路，會攻長安。

　　房琯經與親信幕僚商議後，決定傚法古制，以車戰對敵。遂將徵用來的兩千輛牛車排列在中間，兩翼用騎兵掩護，浩浩蕩蕩，向長安進發。一路上煙塵滾滾，旌旗蔽日，殺氣騰騰，好不威風。可是，這支老牛拉破車的隊伍在對敵作戰時，能否發揮其功效呢？除房琯及其幕僚深信不疑而外，其餘將領則無

不望而興歎。

房琯親自率領中軍，很快與叛將安守忠的騎兵相遇。房琯本想先穩住陣腳，調整一下隊形，再出陣迎戰，誰知道這老牛破車慢慢吞吞，很難調動。這邊房琯為調整隊形吵吵嚷嚷，越整越亂，急得滿頭大汗，毫無辦法。

那邊，安守忠一看對手竟如此用兵，真是喜出望外，馬上令部隊迅速轉到上風的位置，收集柴草，一面乘風縱火，一面擂鼓吶喊。老黃牛哪曾經過這種陣勢，一見烈焰騰空，又聽戰鼓聲響如雷，嚇得四處亂跑。安守忠乘勢追殺，唐軍大敗。房琯慌忙令南路軍投入對抗。

那些老牛同樣承受不住人喊馬嘶和震耳欲聾的戰鼓聲，不戰自亂，敗下陣來。唐軍屍橫遍野，死傷四萬餘人。楊希文、劉貴哲投降了叛軍，房琯領著幾千名殘敗人馬向靈武逃去。他苦思冥想悟出的火牛陣法，就這樣失敗了。

前人的經驗並不是不能應用，重要的是能否因時制宜，用得合適。在經濟飛速的時代，只有保持靈活的頭腦，敢於突破過去的模式，掌握新的環境，面對新的課題，迎接新的挑戰，才能不斷的超越自我，在競爭日益激烈的社會中立於不敗之地。

專偷皇宮寶物的神偷

　　清朝乾隆年間，京城出現了一個專偷皇宮寶物的神偷。他來無影，去無蹤，縱使紫禁城內牆高池深，戒備森嚴，但這些他都不放在眼裡，依舊是來去自如。只不過皇宮內大大小小的瑣事何等繁雜，出現一名小偷而已，倒也沒有驚動到高高在上的皇帝。

　　直到有一天，乾隆皇帝發現放在御書房的玉璽竟然不翼而飛，勃然大怒，敕令紫禁城內外作地毯式的搜索。妙就妙在這裡，玉璽居然在三天後又神不知鬼不覺地出現在皇帝的桌上。這下子乾隆慌了，他想：「這神偷在深宮內苑裡這般地來去自如，這次玉璽失竊倒也算了，下次如果他要取我的項上人頭，那不就……」乾隆越想越恐懼，馬上召見大臣們商討對策。

　　會議中，眾大臣面面相覷，只見和率先打破沉默：「啟奏

陛下，臣有一計，定可捉拿此賊。」

乾隆急道：「愛卿有何對策？」

「這需要多管齊下。」和稟奏道，「首先，加派三千御林兵嚴守紫禁城，務求滴水不漏；其次，加強宮內防盜機關，嚴防裡應外合；最後，百姓出入京城，一律接受身分及行李檢查，以防贓物外流。如此一來，此惡賊一定無所遁形，難逃法網。」

乾隆大喜：「很好，就依愛卿所言，馬上去做。」

不料這計策實施了半年，神偷猖獗依舊，接連著幾件寶物被偷不說，京城的百姓也都感到不便，怨聲載道。乾隆一看再這樣下去實在不是辦法，只好再召開會議討論。

「劉愛卿，你一向足智多謀，這次倒拿點主意啊！」乾隆沉不住氣，開門見山的點名劉墉想想辦法。

劉墉駝著背，伸出三根手指頭緩緩的說：「啟奏陛下，依臣愚見，倒可以從三方面下手。一是將紫禁城外增派的御林軍都撤掉；二是將所有寶庫的大鎖通通拿掉。第三呢，就是將存放寶物的箱子全部打開。如此一來，必能手到擒來。」

乾隆聽了大惑不解：「劉愛卿，你是聰明人，怎麼說起這糊塗話來了？」

　　劉墉眯著眼睛，嘴角浮起一抹微笑：「請陛下試試看，便知成效！」

　　於是乾隆下令照辦，不出十天，神偷居然就輕易的被捉到了！

　　原來這位神偷已有三十年偷竊歷史，上千次的成功經驗告訴他，進入目的地後，要先機警的躲過警衛，找到門後迅速開鎖、進入、拿寶物，拿到後迅速往窗外跳。只要精準的執行這些步驟，即使再嚴守的地方也能順利偷出寶物，可是這次進入目的地後，竟然沒有警衛，也沒有鎖門，進去後只看見箱子打得開開的，窗戶也被拿掉了，在這一連串的猶豫中，浮現了前所未有的疑問、驚慌與恐懼，就在這猶疑的片刻，說時遲那時快，巡邏的衛兵一擁而上，神偷還愣在那兒，口中猶自喃喃念著：「怎麼會這樣呢？……怎麼會這樣呢？」

在我們生活中，不也充滿了類似的情境嗎？沉迷在過去的成功經驗中，執著於以往所養成的習慣，一旦環境改變，很容易落入一種「熟練的無能」──愈是熟練、愈是顯得無能。

　　換句話說，真正捉到神偷的不是滴水不漏的防守，不是高城深池、銅牆鐵壁，而是神偷累積三十年的「經驗」，打敗了他自己。過去的經驗告訴他，面臨到的環境、遭遇到的狀況甚至是接觸到的對手都將是如何如何，他只要如此這般即可；有朝一日，當環境改變，狀況改變，對手改變，仍舊依賴經驗的結果只有猶豫、恐懼、束手無策，終至走上失敗一途。

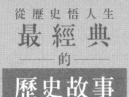

孫陽和他的兒子相馬

　　戰國時期，秦國有個人叫孫陽，精通相馬，黑馬白馬無論什麼樣的馬，他一眼就能分出優劣。他常常被人請去識馬、選馬，人們都稱他為伯樂。

　　有一天，孫陽外出打獵，一匹拖著鹽車的老馬突然向他走來，在他面前停下後，對他叫個不停。孫陽摸了摸馬背，斷定是匹千里馬，只是年齡稍大了點。老馬專注的看著孫陽，眼神充滿了期待和無奈。

　　孫陽覺得太委屈了這匹千里馬，牠本是可以奔跑於戰場的寶馬良駒，現在卻因為沒有遇到伯樂而默默無聞的拖著鹽車，慢慢的消耗著它的銳氣和體力，實在可惜！孫陽想到這裡，難過得落下淚來。

　　這次事件之後孫陽深有感觸。他想，這世間到底還有多少

千里馬被庸人所埋沒了呢？為了讓更多的人學會相馬，孫陽把自己多年積累的相馬經驗和知識寫成了一本書，配上各種馬的形態圖，取名叫《相馬經》。目的是使真正的千里馬能夠被人發現，盡其所才，也為了使自己一身的相馬技術能夠流傳於世。

孫陽的兒子看了父親寫的《相馬經》，以為相馬很容易。他想，有了這本書，還愁找不到好馬嗎？於是，就拿著這本書到處找好馬。

他按照書上所畫的圖形去找，沒有找到。又按書中所寫的特徵去找，最後在野外發現一隻癩蛤蟆，與父親在書中寫的千里馬的特徵非常像，便興奮的把癩蛤蟆帶回家，對父親說：「我找到一匹千里馬，只是馬蹄短了些。」

父親一看，又好氣又好笑，沒想到兒子竟如此愚蠢，悲傷的感歎道：「真所謂按圖索驥也。」這個故事出自明朝楊慎的《藝林伐山》，成語「按圖索驥」，就是這樣來的。

　　中國古人歷來反對做事拘泥教條，墨守成規。老子說：「反者，道之功也。」意思是一種反常規的做法往往是萬事萬物運動規律的展現；這也就說明，在生活中，一定要具體問題具體分析，絕不能墨守成規、按圖索驥。不知變通的人，就容易遭遇失敗。

第三章

正確決斷，
把握最佳時機

太史慈巧送奏章

　　三國時，太史慈在郡裡任官，正巧郡裡和州里有爭執，是非難辨。在這種情況下，誰先上奏章，誰就佔上風。當時州里的奏章已派人送出，郡裡的官員怕自己落在後頭，想找一個得力的使者去追趕州里送奏章的人。

　　太史慈被選中了，他晝夜兼程趕到了洛陽。這時，州里派出的官員也剛到，正在求守門的官吏為自己通報。

　　太史慈問他：「你想通報上奏章嗎？」

　　州里來的小吏說：「是的。」

　　太史慈問他：「你的奏章在哪裡？題頭落款是不是寫錯了？」

　　於是就把小吏拿的奏章拿過來看，奏章剛拿到手，太史慈就把它撕了。州里來的小吏大叫，拉住太史慈不放。

太史慈對他說：「你要是不把奏章給我，我也沒有機會把它撕了。是禍是福，咱倆都一樣承受，反正也不能讓我獨自蒙受罪責，與其這樣，不如咱倆都悄悄離開這兒。」

他倆離開後，太史慈又一人悄悄地返回，順利的把郡裡的奏章呈交朝廷。

在關鍵的時刻，最能展現出一個人的智慧和膽略，敢於為別人之不敢為，衝破各種障礙和阻力，千方百計達到自己的目的，為自己爭取利益和優越的形勢，才算得上是真正的聰明。

喜歡冒險的哈代

　　工業和體育運動方面的先驅詹姆森‧哈代總是喜歡去冒險，儘管朋友們和同事們經常告誡他「不要犯傻」。他不僅敢於冒挑戰體能的風險，而且敢於冒考驗信念的風險。

　　他在教學領域所創造的紀錄給世人留下了深刻的印象，因為他是一個天才，很多從事汽車銷售和服務的人都從他的訓練方式中受益匪淺。

　　哈代是愛迪生的一位朋友。在愛迪生發明了電影以後，哈代從電影膠片的片盤中得到了啟發，他產生了一個新的念頭，那就是讓膠片上的畫面一次只向前移動一幅，以便讓教師能夠有充足的時間詳細闡述畫面所反映的內容。

　　後來，哈代又成功的實現了讓畫面與聲音同步進行的目標，進而創造了真正的視聽訓練法。

　　那麼，哈代是不是必須要去冒險呢？他本可以繼承父親在芝加哥的報業；本可以擁有一份穩定而保險的記者工作；但他沒有。有人認為他很愚蠢，因為他放棄了有把握的東西。當人們被無聲電影的神奇所吸引時，當朋友們告訴他，人們不願意再坐下來看那些一次只能移動一幅的圖畫時，他並沒有懼怕失敗，而是回答說：「我仍然要去冒這個險。」

　　今天，哈代已經被公認為「視聽訓練法之父」。正是敢於去冒那種考驗信念的風險，他才發明了很多有效的訓練方法，進而使很多來自企業、公益組織、社會團體或軍隊的人士得到了好處。

　　除此以外，哈代在另一領域的冒險精神也很值得一提。在他的一生中，他不僅在陸上，而且在水中也是成就斐然。他曾經兩度入選美國奧運會游泳隊（時隔二十年之久！），他曾經連續三屆獲得「密西西比河十英里馬拉松賽」的冠軍。他幾乎每天都要游泳，或是在陸上的湖泊，或是在大海。取勝的信念已經融入了他的血脈，他對提高速度簡直著了迷。

　　哈代決心在游泳方面做出改革，但是當他把想法告訴游泳冠軍約翰・魏斯姆勒時，卻遭到了嘲笑。後者認為在水裡冒險

實在是太危險，何況澳式爬式早已確立、定型，不需要做任何改變。另一位游泳冠軍杜克‧卡漢拉莫庫也告誡他不要去冒險，否則可能被淹死。但哈代卻對他的游泳同伴說：「我就要冒這個險去試一試。」

哈代再次鼓起勇氣，決心去冒考驗他信念的風險。他把長期以來一直固定不變的爬式姿勢在方法上做了大膽的改變，使之更加自由和靈活：游泳時頭朝下，吸氣時把臉轉向一側，當臉回到水下時再呼氣。這樣，划水一周所需的時間縮短了，游泳速度也提高了；而哈代也沒因此而被淹死。他挑戰傳統爬式的標準姿勢，進而發明了新的自由式；今天，我們在世界的每一個游泳池都能看到它的存在。

哈代被譽為「現代游泳之父」和「視聽訓練法之父」。那麼，他又冒了什麼樣的挑戰體能勇氣的風險呢？這也碰巧和水有關。

有一次，哈代邀請一群軍界的重要人物乘坐他的遊艇，在切薩皮克灣觀光巡遊；一是為了招待他們，二是為了確認一些防務訓練合同。不巧這時出現了巨大的風暴，水面上波濤洶湧。一些陸、海軍軍官忍不住頭暈嘔吐起來，遊艇就像釣魚用的軟

木浮標一樣被拖來推去。據說當時就連操舵員也在船舷邊搖搖欲墜。

　　哈代不是不知道狂濤巨浪的厲害，但他天生是一個不怕水的人。他毫不猶豫的衝上去抓住舵盤，與風暴展開了抗爭。

　　他的一位朋友喘著粗氣，阻止他說：「太危險了！你別去！」哈代只是笑了笑說：「我要試一試。」結果，在他的努力之下，遊艇終於安全地返回了港口。也許這只是一個傳奇的故事，但哈代的確是他那個時代的一位傳奇人物。

　　工作與生活永遠是變化無窮的，我們每天都可能面臨改變，面臨挑戰，敢於冒險的人，才能夠在這些挑戰面前立於不敗之地。一個人能否獲得個人成就，就看他是不是願意嘗試。樂於冒險，喜歡試驗，敢於嘗試，這才是獲得成功和進步的唯一途徑。

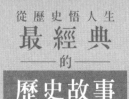

謀略超人的賈詡

　　漢朝末年，賈詡曾經在董卓手下任職，賈詡是個很有謀略的人，後來董卓被刺殺，他就投奔到張繡隊伍中為其出謀劃策，但沒有受到重視。

　　東漢建安二年（一九七年）正月，曹操征討駐守在南陽的張繡，還未取勝，忽然得知袁紹將乘虛而進攻打曹軍的大本營許都，曹操只得收兵撤退。張繡一看曹操撤退，立即決定追擊。

　　賈詡連忙勸阻：「千萬別貿然追擊，否則有可能吃大虧。」

　　張繡認為曹軍已經退卻，哪裡有不追趕的道理？他不聽勸告，聯合劉表的隊伍一同追擊曹軍。大約追趕了十餘里路，追上曹軍斷後的部隊。交戰中，曹軍士兵奮勇應戰，張繡、劉表大敗而歸。

　　張繡慚愧地對賈詡說：「還是你說得對啊！我的力量確實

比不過曹操，所以不能取勝，真後悔沒有聽你的話。」

這時，賈詡卻說：「現在你應該趕快掉過頭去追曹軍，一定會打個大勝仗！」

張繡、劉表疑惑不解：「我們乘勝追擊反而吃了大虧，現在我們打了敗仗，您卻說應該果斷追擊，這是為什麼呢？」

賈詡胸有成竹的說：「情況已經發生變化，與以前不同了，你們只管追擊，越快越好，如果不勝，我把腦袋給你！」

劉表不相信賈詡的話，堅決不願再出兵。張繡雖有疑慮，還是相信了賈詡的話，重新整頓了敗兵殘將，再回去追趕曹軍。

這一次，兩軍接觸，廝殺一陣，果然曹軍越戰越弱，抵擋不住，一路丟下許多車馬糧草，慌忙逃走了。張繡大獲全勝，繳獲了一大批戰利品，滿載而歸。

張繡急切的問賈詡：「第一次我用精兵去追曹操的退軍，你說追不得；第二次你卻勸我用敗兵去追擊取勝的曹軍，反而能取勝。這究竟是什麼道理呢？」

賈詡解釋說：「這並沒有什麼好奇怪的啊！曹操是個非常懂得用兵的人，他一定不會不作防備就隨便退卻的。你雖然很善於用兵，但還是不如曹操力量強大。曹操退卻時，必定會做

好防追擊的準備，我估計他會親自率精兵斷後。你去追他，當然要吃虧了。但是曹操打了勝仗卻還是急著撤退，這就很不正常了。我猜想很可能是有人進攻許都，或是朝廷內部出了問題。你第一次追擊，他已將你打敗，他就放心了，他自己一定親率主力先走了。即使留下斷後的士兵，也不會有戰鬥力了，不是你的對手。你第二次是出其不意的追擊他們，你想，這怎麼能不打勝仗呢？」

　　張繡聽了這一番話，覺得十分有道理，連連稱讚：「高明！高明！」

　　在軍事上，與其說是鬥勇，不如說是鬥智。而智，在很大程度上，就展現在善於應變和對變化的事物的靈活掌控上。局勢是不斷變化的。在你變化的同時，對方也在變化著。因此，在生活中要想擁有創新突變的能力，想要取勝，就必須隨時掌控別人的變化，這就要採取反「常」的策略。

　　只有作出準確的判斷，敢於打破常規，敢於突破創新，才能在任何環境中都立於不敗之地。

城門衛士女兒的擔憂

　　春秋時代，魯國有個城門衛士的女兒名叫魯嬰，生得聰明伶俐，多愁善感，富於同情之心。

　　這天，是個月朗星稀的夏夜，一群姑娘聚集在月光下，唱歌跳舞講故事。大夥兒正玩得十分開心的時候，魯嬰卻躲到一旁去偷偷的哭了起來。

　　她的一位好朋友發現了以後，以為發生了什麼事，便走過去悄悄的問魯嬰：「你到底是為什麼事而傷心哭泣呢？」

　　魯嬰睜開淚眼，望了望好朋友，然後說：「白天我聽人家說，衛國王子的品行不好，喜歡打仗，缺少愛心，當時我心裡就很不是滋味。剛才大夥兒在講故事時，我又想起了這件事，所以就哭了。」

　　這時，早已圍上來的一群姑娘們都爭著來勸慰她：「衛國

王子的品行不好，這跟我們魯國有什麼相干？再說打仗，那是諸侯間的爭王爭霸，妳一個平民家的女兒，管得了嗎？為這些不著邊際的事情瞎操心，真是犯不著！」

　　魯嬰聽了這番話，很不以為然。她說：「我的想法跟妳們不同。我至今還清楚地記得，前幾年，有個宋國的大司馬打了敗仗，逃亡時經過魯國，他的馬就將我家好好的菜園子踩得亂七八糟，使我家平白無故的遭受了損失。去年，越王勾踐為復仇而攻打吳國，魯國國君為了討好越王，就在民間搜尋美女去獻給他，結果我的姐姐被選中了。後來，我的哥哥前往越國去探視姐姐，又在途中被吳越混戰的將士所殺害……」

　　說到這裡，魯嬰早已泣不成聲，難以自持了，圍在一旁的姑娘們也難過得一個個低下了頭。

　　過了一會兒，魯嬰才停止了哭泣，繼續說道：「這兩件事告訴我，打起仗來是沒有國界的，遭殃的首先是老百姓。現在，衛國的王子又是這樣喜歡打仗，而我卻只剩下一個弟弟了，說不定哪一天災禍又會突然降臨到我們姐弟頭上，這又怎麼能不讓我擔心害怕呢？」

人無遠慮，必有近憂。世間萬物皆是互相聯繫、互為因果的。開闊思路，以全面的觀點看待事物，才能夠掌握全局，正確預見未來，及早採取積極的防範措施。

扭轉戰局最關鍵的一步棋

　　第二次世界大戰開戰不久，當英軍從挪威潰敗下來的千鈞一髮之際，英國中流換馬，撤掉軟骨頭的張伯倫，讓錚錚鐵漢丘吉爾挑起大梁，這確實是扭轉戰局最關鍵的一步棋。

　　當時日本橫濱銀行駐倫敦分行的經理加納子爵已預言，不出三個月，英國就將舉白旗向納粹屈膝投降。美國駐英大使肯尼迪也公然發表談話說，民主主義在英國已壽終正寢，納粹接管只是時間上的問題。英國的敗北主義者卻不斷造謠惑眾，說聖誕節就將停火。但是丘吉爾上台後，用一個大大的「不」字，粉碎了一切和平幻想。

　　猶如羅斯福總統每星期五對美國廣播聽眾的《爐邊懇談》一樣，那時，丘吉爾也於每星期一晚七點，透過電台對廣大群眾發表親切的談話。

他曾用顫抖的語調對英國公眾說：「我能奉獻給你們的，只是熱血、汗水和眼淚。」略頓片刻，又帶著蔑視和堅定的自信補上一句：「我們正等待著德國人過來呢 —— 連海裡的魚也在等著。」

丘吉爾以破釜沉舟的果斷毅力，憑他那寧為玉碎不為瓦全的浩然之氣，發自肺腑的感人誓言，再加上那把食指和中指叉成 V 字形（表示勝利）的手勢，將四千餘萬英國人動員起來，扭轉了乾坤。

人們不曾忘記戰時丘吉爾的許許多多博得喝彩的演講。當天空佈滿烏雲時，他說過：「有人問我們的目的何在，我們的目的就是勝利。不顧恐怖的求得勝利。不怕路途遙遠和艱難，必得爭取勝利，因為不勝利就沒有生存。」

一九四〇年六月二十二日法國投降那天，他說：「我們不能鬆懈，不能失敗。我們要抗戰到底。我們要在海洋上作戰，不顧一切犧牲，保衛我們的國土，永不屈服。」大反攻得手後，他又說：「走向勝利的道路也許不像我們想像的那麼遙遠了。但是，我們無權這麼想，不管遠近，不問難易，我們都要走到道路的盡頭。」

　　一九四四年六月聯軍從諾曼底大舉反攻，從腹背夾攻納粹
歹徒，最終直搗柏林。然而在一九四五年七月的英國大選中，
丘吉爾竟落選了。但是，在世界人民的心中，丘吉爾仍然是一
位英雄。

　　英雄並不是無往不利、不可戰勝的，而是能夠在關鍵的時
候，採取正確的行動，表現出自己勇敢果決的一面，為社會做
出應有的貢獻。

宓子踐的得失觀

　　春秋戰國時期的宓子踐，是孔子的弟子，魯國人。有一次齊國進攻魯國，戰火迅速向魯國單父地區推進，而此時宓子踐正在做單父宰。

　　當時也正值麥收季節，大片的麥子已經成熟了，不久就能夠收割入庫了，可是齊軍一來，這眼看到手的糧食就會讓齊國搶走。

　　當地一些父老向宓子踐提出建議，說：「麥子馬上就熟了，應該趕在齊國軍隊到來之前，讓咱們這裡的老百姓去搶收，不管是誰種的，誰搶收了就歸誰所有，肥水不流外人田。」

　　另一個也認為：「是啊，這樣把糧食打下來，可以增加我們魯國的糧食。而齊國的軍隊也搶不走麥子做軍糧，他們沒有糧食，自然也堅持不了多久。」

　　儘管鄉中父老再三請求，宓子踐堅決不同意這種做法。過了一些日子，齊軍一來，真的把單父地區的小麥一搶而空。

　　為了這件事，許多父老埋怨宓子踐，魯國的大貴族季孫氏也非常憤怒，派使臣向宓子踐興師問罪。

　　宓子踐說：「今天沒有麥子，明年我們可以再種。如果官府這次發佈告令，讓人們去搶收麥子，那些不種麥子的人則可能不勞而獲，得到不少好處，單父的百姓也許能搶回來一些麥子，但是那些趁火打劫的人以後便會年年期盼敵國的入侵，民風也會變得越來越壞，不是嗎？

　　其實單父一年的小麥產量，對於魯國強弱的影響微乎其微，魯國不會因得到單父的麥子就強大起來，也不會因失去單父這一年的小麥而衰弱下去。

　　但是如果讓單父的老百姓，以至於魯國的老百姓都存了這種借敵國入侵能獲得意外財物的心理，這是危害我們魯國的大敵，這種僥倖獲利的心理，那才是我們幾代人的大損失呀！」

　　宓子踐自有他的得失觀，他之所以拒絕父老的勸諫，讓入侵魯國的齊軍搶走了麥子，是認為失掉的是有形的、有限的一點點糧食，而讓民眾存有僥倖得財得利的心理才是無形的、長

久的損失。得與失應該如何取捨，宓子踐做出了正確的選擇。

　　很多先哲都明白得失之間的關係。他們看中的是人的德行修養和德才培養，而非一時一事的得與失。要忍一時的失，才能有長久的得，要能忍小失，才能有大的收穫。

以「鴨」來換取「鳳凰」

　　諸葛亮率三十萬大軍伐中原的消息傳到洛陽，魏主曹睿設朝，問群臣誰能為將。夏侯駙馬出班自請出征，表示要為死於漢中的父親報仇。

　　夏侯是曹操愛將夏侯淵之子。夏侯淵被黃忠所斬，曹操憐惜他，把自己的女兒清河公主嫁給了他。曹操死後，夏侯雖然職掌兵權，卻未嘗臨敵。

　　蜀軍來犯，夏侯召集各路軍馬對抗諸葛亮的大軍，被諸葛亮打敗，生擒於南安。天水郡太守馬遵見夏侯被俘，怕魏主追究自己，欲起本部兵馬救援。姜維就此獻計，以伏兵勝伏兵，打敗趙雲。趙雲歸見諸葛亮，說中了敵人之計。諸葛亮驚問誰人能識破他的計謀，當地人說出了姜維，趙雲也在一旁誇獎。諸葛亮由此注意姜維。

　　姜維是天水冀人。父親姜同，昔日曾為天水功曹，後死於
羌人作亂。姜維自幼博覽群書，兵法武藝，無所不通，官職為
中郎將，在本郡參與軍事。

　　諸葛亮去見姜維，見姜維軍容風紀、戰術謀略非同凡響，
便設了離間計，夜放夏侯以絕姜維後路。姜維果然走投無路，
歸降了諸葛亮。

　　在這種情況下，雖然放走了一個曹魏駙馬，諸葛亮卻認為
比起姜維，只是一隻鴨；他卻是得了一隻鳳凰。以鴨來換取鳳
凰，當然是十分值得的事。

　　在生活中，每個人都會經常面臨取捨的問題。得此與得彼，
因為不是二者兼得，而是有所得便有所失，所以就有辯證的學
問在裡面。如果眼光只放在一事一物，就會覺得失去的太多了，
得到的太少了。所以要從長遠方面分析，要與所失作比較，不
要一葉障目，捏住芝麻，丟了西瓜。

敢於採取果斷措施的班超

　　東漢年間，班超幫助哥哥班固一起撰寫《漢書》，但他認為一個男子漢的抱負不應只在紙筆上，於是棄文從武，參加了對抗匈奴的戰鬥。他堅毅果敢的性格使他在戰場上屢建功勳。後來，東漢王朝為了聯合西域各國共同抗禦匈奴的侵擾，就派遣班超作為使節出使到西域去。

　　班超手持漢朝的節杖，帶領著由三十六人組成的使團出發了。他們首先來到了鄯善國。班超晉見了鄯善國王，說：「尊敬的國王陛下，我們漢朝的皇帝派我來，是希望聯合貴國共同對付匈奴。我們吃過很多匈奴入侵的苦，應該攜起手來，同仇敵愾，匈奴才不敢再猖狂肆虐呀！」

　　鄯善國王早就知道漢朝是一個決決大國，國力強盛，人口眾多，不容小視，現在又見漢朝的使者莊重威儀，頗有大國

之風，果然名不虛傳，就連連點頭稱是道：「說得太對了，請您先在鄯國住幾天，聯合抵抗匈奴之事，容過兩天再具體商議吧！」於是班超他們就住下了。

頭幾天，鄯善國王待他們還挺熱情，可是沒過多久，班超便察覺國王對他們越來越冷淡，不但常找藉口避開他們不見，就是好不容易見上了，也絕口不提聯合對抗匈奴之事了。

班超有了一種不祥的預感，他召集使團的人分析說：「鄯善國王對我們的態度越來越不友好了，我估計是匈奴也派了人來遊說他，我們必須去探察一番，搞清事情的真相。」夜裡，班超派人潛進王宮，果然發現國王正陪著匈奴的使者喝酒談笑，看樣子很是投機，就馬上回來將這個消息報告給班超。

接下來的幾天，班超又設法從接待他們的人那裡打聽到，匈奴不但派來了使節，而且還帶了一百多個全副武裝的隨從和護衛。他立刻意識到了事態已經發展到很嚴重的地步，就馬上召集使團研究對策。

班超對大家說：「匈奴果然已經派來了使者，說動了鄯善國王，現在我們已處於極度危險之中，如果再不採取有效措施，等鄯善國王被說服，我們就會成為他和匈奴結盟的犧牲品。到

時候，我們自身難保是小事，國家交給的使命也就完成不了了。大家說該怎麼辦？」

大家齊聲答應：「我們服從您的命令！」

班超猛擊了一下桌子，果斷的說：「不入虎穴，焉得虎子！現在我們只有下決心消滅匈奴，才能完成我們的使命！」

當夜，班超就帶人衝進匈奴所駐的營壘，趁他們沒有防備，以少勝多，終於把一百多個匈奴人全部消滅了。

第二天，班超提著匈奴使者的頭去見鄯善國王，當面指責他的善變說：「您太不像話了，既答應和我們結盟，又背地裡和匈奴接觸。現在匈奴使者已全被我們殺死了，您自己看著辦吧！」鄯善國王又吃驚又害怕，很快就和漢朝簽訂了同盟協議。

班超的舉動震驚了西域，其他國家也紛紛和漢朝簽訂同盟，很多小國也表示要和漢朝永久友好。班超終於圓滿的完成了使命。

在危急的情境之下，就應當像班超一樣果斷，敢於冒必要的危險，才能夠獲得成功。如果這時還猶猶豫豫畏縮不前，後果就不堪設想了。

在生活中的很多情況下，不敢冒險就將一事無成。許多人完全知道要成功他們必須做什麼，但他們卻因為害怕冒險，常常遲遲不願採取正確的行動。

　　成功的祕密是這樣的：不要只是想著採取行動，而是要「採取正確的行動！」──雖然可能會付出一定的代價！但不入虎穴，焉得虎子！

循規蹈矩的布坎南

　　曾任美國總統的布坎南是長老會教徒。一八三二年，布坎南在駐俄大使任上寫信給他當牧師的弟弟說：「我能夠真誠的對自己說，我希望成為一名基督徒。我認為我能夠從空虛和世俗的罪惡中解脫出來，而不必忍受許多痛苦。自從我來到這片陌生的國土上，在這個問題上我已經考慮了許多，有時幾乎已經使自己相信，我就是一個基督徒，不過我經常被懷疑論的幽靈和疑惑所困擾。在許多場合下，我的真實感情是：上帝，我願意相信你，請幫助我祛除心中的懷疑。」

　　他的疑惑持續了許多年，儘管心存疑惑，但他終生都是一個積極的基督徒。

　　他每天背誦禱文，嚴格的奉守安息日，在任駐俄公使時，拒絕星期天去聖彼得堡舉行的宮廷舞會上跳舞。

布坎南認為在人生的各個方面都有一個現實的上帝存在，這個上帝就是現實生活的陳規舊則。生活的彈性幅度必須在這些規則中屈伸。作為舊式學校培養出來的紳士，他舉止高雅，穿著無可挑剔。他做事喜歡有條有理。多年來，他一直保留著帳本，認真記下他經手的每一文錢。他任皮爾斯總統的駐英公使時，每日都要記下他的男僕的開銷，就連大別針和吊帶鈕釦所花去的幾便士都要記帳。

在政治舞台上，這個上帝就是「憲法」，律師出身的布坎南，把自己的一切活動都置於憲法之下，並且篤信憲法。在南方各州脫離聯邦的危機中，布坎南一籌莫展，不知所措。他想透過修正憲法來保護南方的奴隸制以求消除危機，但是修正案沒有被通過。

一八五八年在布坎南去世前不久，他說：「我一直認為而且現在仍然認為我按照憲法處理了交付於我的所有公務，我對我一生中所從事的政治活動毫無遺憾之處，歷史將證明我沒有玷污我的一生。」

但是，他錯了，歷史並沒有如此肯定他的一生。人們普遍認為：「他天生是一個偉大的律師，是命運糟蹋了他，使他變

成了一個政治家。」

　　解決問題，處理危機，要依靠自己果斷採取適宜的行動，而不要循規蹈矩，或一籌莫展，等待上帝幫你想辦法。一個循規蹈矩的人，永遠不能成為一個傑出的領袖。

善於自我推薦的毛遂

　　毛遂在平原君門下已經三年了，一直默默無聞，總得不到施展才能的機會。

　　一次，碰上秦國大舉進攻趙國，秦軍將趙國都城邯鄲團團圍住，情況十分危急，趙王只好派平原君趕緊出使楚國，向楚國求救。

　　平原君到楚國去之前，召集他所有的門客商議，決定從這千餘名門客中，挑選出二十名能文善武足智多謀的人隨同前往。他們挑來挑去最終只有十九人合乎條件，還差一人卻怎麼挑都總覺得不滿意。

　　這時，只見毛遂主動站了出來說：「我願隨平原君前往楚國，哪怕是湊個數！」

　　平原君一看，是平常不曾注意的毛遂，便不大以為然，只

是婉轉的說：「你到我門下已經三年了，卻從未聽到有人在我面前稱讚過你，可見你並無什麼過人之處。一個有才能的人在世上，就好像錐子裝在口袋裡，錐子尖很快就會穿破口袋鑽出來，人們很快就能發現他。而你一直未能出頭露面顯示你的本事，我怎麼能夠帶著沒有本事的人與我一起去楚國行使如此重大的使命呢？」

毛遂並不生氣，他心平氣和的據理力爭說：「您說的並不全對。我之所以沒有像錐子從口袋裡鑽出椎尖，是因為我從來就沒有像錐子一樣放進您的口袋裡呀。如果早就將我這把錐子放進口袋，我敢說，我不僅是錐尖鑽出口袋的問題，我會連整個錐子都像麥穗一樣全部露出來。」

平原君覺得毛遂說得很有道理而且氣度不凡，便答應毛遂作為自己的隨從，連夜趕往楚國。

一到楚國，已是早晨。平原君立即拜見楚王，跟他商討出兵救趙的事情。

可是這次商談很不順利，從早上一直談到了中午，還沒有一絲進展。面對這種情況，隨同前往的二十個人中便有十九個只知道乾著急，在台下直跺腳、搖頭、埋怨。唯有毛遂，眼看

時間不等人，機會不可錯過，只見他一手提劍，大踏步跨到台上，面對盛氣凌人的楚王，毛遂毫不膽怯。他兩眼逼視著楚王，慷慨陳詞，申明大義，他從趙楚兩國的關係談到這次救援趙國的意義，對楚王曉之以理動之以情。

他的凜然正氣使楚王驚歎佩服；他對兩國利害關係的分析深深打動了楚王的心。透過毛遂的勸說，楚王終於被說服了，當天下午便與平原君締結盟約。很快，楚王派軍隊支援趙國，趙國於是解圍。

事後，平原君深感愧疚的說：「毛遂原來真是了不起的人啊！他的三寸不爛之舌，真抵得過百萬大軍呀！可是以前我竟沒發現他。若不是毛先生挺身而出，我可要埋沒一個人才了呢！」

為了闖出一番事業，必須要採取正確的措施和策略。當你因默默無聞、不被別人重視而感到失落的時候，不要總是等著別人去推薦，只要有才幹，不妨自己主動站出來，以便更好的為大家所認識和接納。

猶豫不決的項羽

公元前二〇六年，劉邦的人馬攻破了咸陽。

劉邦的軍隊進了咸陽，將士們紛紛爭著去找皇宮的倉庫，各人都揀值錢的金銀財寶拿，鬧得亂哄哄的。只有蕭何不希罕這些東西，他先跑到秦朝的丞相府，把有關戶口、地圖等文書檔案都收了起來，保管好。

劉邦在將士陪同下，來到了豪華的阿房宮。他看見宮殿這麼富麗，幔帳、擺設都好看得叫人睜不開眼睛，還有許許多多的美麗的宮女。他在宮裡待了一會，心裡迷迷糊糊的簡直不想離開了。

這時候，他的部將樊噲闖了進來，說：「沛公要打天下，還是要當個富翁呀？這些奢侈華麗的東西，使秦朝亡了，您還要這些幹麼？還是趕快回到軍營裡去吧！」

劉邦不聽他的話，說：「讓我歇歇吧！」

恰巧張良也進來了，聽到樊噲的話，對劉邦說：「俗話說：忠言逆耳利於行，良藥苦口利於病。樊噲的話說得很對呀，希望您聽從他的勸告。」

劉邦是一向很信任張良的，聽了他的話，馬上醒悟過來，吩咐將士封了倉庫，帶著將士回到灞上。

接著，劉邦召集了咸陽附近各縣的父老，對他們說：「你們被秦朝的殘酷的法令害苦了。今天，我跟諸位父老約定三條法令：第一，殺人的償命；第二，打傷人的辦罪；第三，偷盜的辦罪。除了這三條，其他秦國的法律、禁令，一律廢除。父老百姓可以安居樂業，不必驚慌。」

劉邦還叫各縣父老和原來秦國的官吏到咸陽附近的各縣去宣佈這三條法令。

百姓聽到了劉邦的約法三章，高興得不得了。大夥兒爭先恐後的拿著牛肉、羊肉、酒和糧食來慰勞劉邦的將士，劉邦好言好語的勸他們把這些東西拿回去，他說：「糧倉裡有的是糧食，不要再讓你們費心了。」

打那時候起，劉邦的軍隊在關中的百姓心中留下了好的印

象，人們都巴不得劉邦能留在關中做王。

　　不久，項羽的大軍到了函谷關，看見關上有兵守著，不能進去。守關的將士說：「我們是奉沛公的命令，不論哪一路軍隊，都不准進關。」

　　項羽這一氣非同小可，命令將士猛攻函谷關。劉邦兵力少，不消多大功夫，項羽就打進了關。大軍接著往前走，一直到了新豐、鴻門（今陝西臨潼東北），駐紮下來。

　　劉邦手下有個將官曹無傷，想投靠項羽，偷偷地派人到項羽那兒去密告，說：「這次沛公進入咸陽，是想在關中做王。」

　　項羽聽了，氣得瞪著眼直罵劉邦不講理。

　　項羽的謀士范增對項羽說：「劉邦這次進咸陽，不貪圖財物和美女，可見他的野心不小。現在不消滅他，將來必定後患無窮。」

　　項羽下決心要把劉邦的兵力消滅。那時候，項羽的兵馬四十萬，駐紮在鴻門；劉邦的兵馬只有十萬，駐紮在灞上。雙方相隔只有四十里地，兵力懸殊。劉邦的處境十分危險。

　　項羽的叔父項伯是張良的老朋友，張良曾經救過他的命。項伯怕仗一打起來，張良會陪著劉邦遭難，就連夜騎著快馬到

灞上去找張良，勸張良逃走。

張良不願離開劉邦，卻把項伯帶來的消息告訴了劉邦。劉邦請張良陪同，會見項伯，再三辯白自己沒有反對項羽的意思，請項伯幫忙在項羽面前說句好話。

項伯答應了，並且叮囑劉邦親自到項羽那邊去賠禮。

第二天一清早，劉邦帶著張良、樊噲和一百多個隨從，到了鴻門拜見項羽。劉邦說：「我跟將軍同心協力攻打秦國，將軍在河北，我在河南。我自己也沒有想到能夠先進了關。今天在這兒和將軍相見，真是件令人高興的事。哪兒知道有人在您面前挑撥，叫您生了氣，這實在太不幸了。」

項羽見劉邦低聲下氣的向他說話，滿肚子氣都消了。他老老實實的說：「這都是你的部下曹無傷來說的。要不然，我也不會這樣。」

當天，項羽就留劉邦在軍營喝酒，還請范增、項伯、張良作陪。

酒席上，范增一再向項羽使眼色，並且舉起他身上佩帶的玉，要項羽下決心，趁機把劉邦殺掉，可是項羽只當沒看見。

范增看項羽不忍心下手，就借個因由走出營門，找到項羽

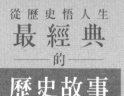

的堂兄弟項莊說：「咱們大王（指項羽）心腸太軟，你進去給他們敬酒看狀況，把劉邦殺了算了。」

項莊進去敬了酒，說：「軍營裡沒有什麼娛樂，請讓我舞劍助助興吧！」說著，就拔出劍舞起來，舞著舞著，慢慢舞到劉邦面前來了。

項伯看出項莊舞劍的用意是想殺劉邦，說：「咱們兩人來對舞吧！」說著，也拔劍起舞。他一面舞劍，一面老把身子護住劉邦，使項莊刺不到劉邦。

張良一看形勢十分緊張，也向項羽告個便兒，離開酒席，走到營門外找樊噲。樊噲連忙上前問：「怎麼樣了？」

張良說：「情況十分危急，現在項莊正在舞劍，看來他們要對沛公下手了。」

樊噲跳了起來說：「要死死在一起。」他右手提著劍，左手抱著盾牌，直往軍門衝去。衛士們想攔住他。樊噲拿盾牌一頂，就把衛士撞倒在地上。他拉開帳幕，闖了進去，氣呼呼地望著項羽，頭髮像要往上直豎起來，眼睛瞪得大大的，連眼角都要裂開了。

項羽十分吃驚，按著劍問：「這是什麼人，到這兒幹麼？」

　　張良已經跟了進來，替他回答說：「這是替沛公駕車的樊噲。」

　　項羽說：「好一個壯士！」接著，就吩咐侍從的兵士賞他一杯酒，一隻豬腿。

　　樊噲一邊喝酒，一邊氣憤的說：「當初，懷王跟將士們約定，誰先進關，誰就封王。現在沛公進了關，但並沒有做王。他封了庫房，關了宮室，把軍隊駐在灞上，天天等將軍來。像這樣勞苦功高，沒受到什麼賞賜，將軍反倒想殺害他。這是在走秦王的老路呀，我倒替將軍擔心哩。」

　　項羽聽了，沒話可以回答，只說：「坐吧！」樊噲就挨著張良身邊坐下了。

　　過了一會，劉邦起來上廁所，張良和樊噲也跟了出來。劉邦留下一些禮物，交給張良，要張良向項羽告別，自己帶著樊噲從小道跑回灞上去了。

　　劉邦走了好一會，張良才進去向項羽說：「沛公酒量小，剛才喝醉了酒先回去了。叫我奉上白璧一雙，獻給將軍；玉斗一對，送給亞父（「亞父」原是項羽對范增的尊稱）。」

　　項羽接過白璧，放在坐席上。范增卻非常生氣，把玉斗摔

在地上，拔出劍來，砸得粉碎，說：「唉！真是沒用的小子，沒法替他出主意。將來奪取天下的，一定是劉邦，我們等著做俘虜就是了。」

正是因為項羽猶豫不決，關鍵的時候沒對劉邦下毒手，才給自己留下了後患，到後來落得個自刎烏江的下場。

機遇總是有的，問題在於你能不能發現它，抓住它。機遇是稍縱即逝的，你不及時抓住它，就會失之交臂，後悔莫及。

古人說：「難得而易失者時也，時至而不旋踵者機也。」說明時機難得而易失，機不可失，時不再來。在人生旅途中要特別注意發現機遇，珍惜機遇；有了好機遇，就要及時抓住它，運用它。

坐失良機的袁紹

　　袁尚、袁熙兄弟在其父袁紹被曹操在官渡打敗後，逃往遼東，這時他們還有幾千人馬。最初，遼東太守公孫康依仗他的地盤遠離京城而不服朝廷管轄，有人勸曹操征討遼東，同時擒拿袁氏兄弟。曹操說：「我正想讓公孫康斬二袁的頭送來，不需要用兵。」過了些日子，公孫康果然斬了袁尚、袁熙，將首級送了來。眾將問曹操這是什麼原因，曹操說：「公孫康素來害怕袁尚、袁熙兄弟，我如果急於征討他，他就會與袁尚等聯合起來抵抗我們，緩一段時間，他們會相互猜忌，這種猜忌會使公孫康殺了二袁。」

　　曹操東征劉備時，人們議論紛紛，擔心出師後，袁紹從後方襲來，使得曹軍進不能戰，退又失去了依據的地盤。曹操說：「袁紹的習性遲鈍而又多疑，不會迅速來襲擊我們。劉備是新

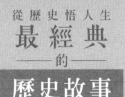

　　起來的，人心還未完全歸附他，我們抓緊時機攻打他，他必敗。這是生死存亡的關鍵時刻，千萬不可坐失良機。」於是，曹操決心出師東征劉備。

　　田豐果然勸袁紹說：「虎正在捕鹿，熊進入了虎窩而撲虎子。老虎進不得鹿，退得不到虎子。現在曹操征伐劉備，國內空了。將軍有長戟百萬，騎兵千群，率軍直指許昌，搗毀曹操的老窩，百萬雄師，自天而降，好像舉烈火去燒茅草，又如傾滄海之水澆漂浮的炭火，能消滅不了他嗎？

　　兵機的變化在須臾之間，戰鼓一響，勝利在望，曹操聽到我們攻下許昌，必然會丟掉劉備而返回許昌。我們佔據了城內，劉備在外面攻打，反賊曹操的腦袋，一定會懸掛在將軍的戰旗桿上。如果失去了這個機會，曹操歸國之後，休養生息，積存糧食，招攬人才，就會是另一種情況。

　　現在大漢國運衰敗，綱紀鬆弛，曹操以他凶狠的本性，用他飛揚跋扈的勢力，放縱他虎狼的慾望，釀成篡逆的陰謀，那時，即使有百萬大兵攻打他，也不會成功。」

　　袁紹聽後，以兒子有病，推辭此事，不肯發兵。田豐用枴杖敲著地歎道：「遇到這樣好的機會，卻因為嬰兒的緣故而失

去了，可惜呀可惜！」

　　而袁紹當時佔據北方廣大地區，勢力最大，足以與曹操抗衡。但他外寬內忌，好謀無決，坐失良機，最後被曹操打敗。如果袁紹善於把握時機，聽取正確意見，「三國」的歷史也許是另外的樣子。

　　每個人都是這樣，把握機遇還是坐失良機，會寫出不同的人生歷史。在人生的某個階段，可能遇上特別有利的機遇，抓住這種機遇就可以改變自己的處境，開闢美好的前程；如果放棄有利的機遇，時過境遷以後再去做，就要付出加倍的代價，甚至要遺憾終生。

販豬的遼東商人

　　東漢初年，據記載遼東一帶的豬都是黑毛豬，當地人也都習以為常，忽然有一天一個商人家中的老母豬生了一窩毛色純白的小豬大家都爭相來觀看，附近一帶的人都認為這一定是一種特異的品種，於是就有人給這個商人出主意說：「如此乾淨純白色的小豬，天下一定少見，你應該把牠們送到洛陽，去獻給皇帝，皇帝一定會重重的獎賞你。」

　　又有人走來給他出主意說：「還不如把這群小白豬拉到燕京市場上去，絕對能賣個好價錢，物以稀為貴，錯過了這個機會你就後悔也來不及了。」遼東商人聽了，果然動了心。經過一番盤算，覺得還是把豬運到燕京市場去賣個好價錢比較划算。於是他把白毛小豬裝上車，往燕市出發了。

　　經過三個多月的艱苦跋涉，等走到燕京時他的小豬也都長

大了，他喜不自勝，這一回不知道要發多大一筆財呀！

但是這一天，當他把白毛豬運到市場的時候，簡直是呆了，原來燕京市場中到處賣的豬都是白色的，白毛豬在這裡不足為奇不說，價錢還不如遼東的黑豬。遼東商人眼看著豬賣不出去，空歡喜一場，心中十分懊悔，心想還不如在當地賣了，也總比現在這樣強啊！

胡思亂想了一陣以後，他靈機一動：既然遼東沒有白毛豬，這裡白毛豬的價格也不貴，我為什麼不從燕京買幾十頭白毛豬回遼東？那樣才是真正的物以稀為貴，一定能賺一筆。

於是他就從燕京買了幾十頭白毛豬回遼東，而且很快就賣出去了。接著他又運黑毛豬來燕京賣，也是大賺了一筆。

蘇格拉底說：「最有希望的成功者，並不是才幹出眾的，而是那些最善於利用每一時機去發掘開拓的人。」世界上永遠都不缺少機會，缺少的只是發現的眼光。很多時候，即使在失敗中，也孕育著成功的機會，關鍵在於你能不能靈活思維，及時發現，努力把握。

益智館　33

從歷史悟人生：最經典的歷史故事

編著　　李銘峰
責任編輯　賴美君
美術編輯　林鈺恆
內文排版　姚恩涵

出版者　培育文化事業有限公司
信箱　yungjiuh@ms45.hinet.net
地址　新北市汐止區大同路3段194號9樓之1
電話　（02）8647-3663
傳真　（02）8674-3660
劃撥帳號　18669219
CVS代理　美璟文化有限公司
TEL／(02)27239968
FAX／(02)27239668

總經銷：永續圖書有限公司

永續圖書線上購物網
www.foreverbooks.com.tw

法律顧問　方圓法律事務所　涂成樞律師
出版日期　2019年7月

國家圖書館出版品預行編目資料

從歷史悟人生：最經典的歷史故事 / 李銘峰
編著. -- 初版. -- 新北市：培育文化，
民108.07　面；　公分. -- (益智館；33)
ISBN 978-986-97393-8-2(平裝)
1.歷史故事
610.9　　　　　　　　　　108009323

姓名		性別	□男　□女
生日	年　　　月　　　日	年齡	
住宅地址	郵遞區號□□□		

行動電話		E-mail	

學歷

□國小　　□國中　　□高中、高職　　□專科、大學以上　　□其他＿＿＿＿

職業

□學生　　□軍　　□公　　□教　　□工　　□商　　□金融業
□資訊業　□服務業　□傳播業　□出版業　□自由業　□其他＿＿＿＿＿

謝謝您購買　**從歷史悟人生：最經典的歷史故事**　與我們一起分享讀完本書後的心得。

務必留下您的基本資料及電子信箱，使用我們準備的免郵回函寄回，我們每月將抽出一百名回函讀者，寄出精美禮物以及享有生日當月購書優惠！想知道更多更即時的消息，歡迎加入"永續圖書粉絲團"

您也可以使用以下傳真電話或是掃描圖檔寄回本公司電子信箱，謝謝！

傳真電話：（02）8647-3660　　電子信箱： yungjiuh@ms45.hinet.net

●請針對下列各項目為本書打分數，由高至低5～1分。

　　　　　　 5 4 3 2 1　　　　　　　　　　 5 4 3 2 1
1.內容題材　□□□□□　　2.編排設計　□□□□□
3.封面設計　□□□□□　　4.文字品質　□□□□□
5.圖片品質　□□□□□　　6.裝訂印刷　□□□□□

●您購買此書的地點及店名＿＿＿＿＿＿＿＿＿＿＿＿＿＿＿＿＿＿＿＿＿＿

●您為何會購買本書？

□被文案吸引　　□喜歡封面設計　　□親友推薦　　□喜歡作者
□網站介紹　　　□其他＿＿＿＿＿＿＿＿＿＿＿＿＿＿＿＿＿＿＿＿＿

●您認為什麼因素會影響您購買書籍的慾望？

□價格，並且合理定價是＿＿＿＿＿＿　□內容文字有足夠吸引力
□作者的知名度　　□是否為暢銷書籍　　□封面設計、插、漫畫

●請寫下您對編輯部的期望及建議：

廣告回信
基隆郵局登記證
基隆廣字第200132號

221-03
新北市汐止區大同路三段194號9樓之1

傳真電話：（02）8647-3660
E-mail：yungjiuh@ms45.hinet.net

培育
文化事業有限公司

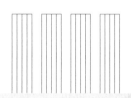

讀者專用回函

從歷史悟人生：
最經典的歷史故事

培養文化育智心靈的好選擇